江苏省建筑产业现代化发展报告
(2020)

江苏省住房和城乡建设厅
江苏省住房和城乡建设厅科技发展中心　编著

中国建筑工业出版社

审图号：苏S（2022）5号
图书在版编目（CIP）数据

江苏省建筑产业现代化发展报告 . 2020 / 江苏省住房和城乡建设厅，江苏省住房和城乡建设厅科技发展中心编著 . —北京：中国建筑工业出版社，2022.4
ISBN 978-7-112-27317-1

Ⅰ. ①江… Ⅱ. ①江…②江… Ⅲ. ①建筑业—现代化—研究报告—江苏—2020 Ⅳ. ① F426.9

中国版本图书馆 CIP 数据核字（2022）第 063722 号

责任编辑：高悦 万李 张磊
责任校对：王烨

江苏省建筑产业现代化发展报告（2020）

江苏省住房和城乡建设厅
江苏省住房和城乡建设厅科技发展中心 编著
*
中国建筑工业出版社出版、发行（北京海淀三里河路9号）
各地新华书店、建筑书店经销
北京雅盈中佳图文设计公司制版
天津图文方嘉印刷有限公司印刷
*
开本：880毫米×1230毫米 1/16 印张：13 字数：408千字
2022年4月第一版 2022年4月第一次印刷
定价：**99.00**元
ISBN 978-7-112-27317-1
（38975）

版权所有 翻印必究
如有印装质量问题，可寄本社图书出版中心退换
（邮政编码100037）

Preface
前言

　　党的十九大对生态文明建设作出了重大部署，要求推动形成绿色发展方式和生活方式。国务院《关于印发〈2030年前碳达峰行动方案〉的通知》中将发展装配式建筑作为当前城乡建设领域中推进碳达峰行动的重要抓手。发展装配式建筑是建造方式的重大变革，有利于节约资源能源、减少施工污染、提升劳动生产效率和质量安全水平，有利于促进建筑业与信息化、工业化深度融合，培育新产业、新动能，推动化解过剩产能。

　　近年来，江苏省紧抓成为"国家首批建筑产业现代化试点省"契机，聚焦高质量发展目标，积极推动建筑产业转型升级。截至2020年底，全省新开工装配式建筑面积累计超1.2亿 m^2，占年度新建建筑面积的30.8%，相关指标居全国前列。共创建住房和城乡建设部装配式建筑示范城市5个、产业基地27个，全国占比超过8%。创建省级建筑产业现代化示范城市13个、示范园区7个、示范基地196个、示范工程项目136个，示范引领效应逐步显现。

　　为稳步推进装配式建筑发展，不断提升建造水平和建筑品质，江苏省住房和城乡建设厅、江苏省住房和城乡建设厅科技发展中心共同编著了《江苏省建筑产业现代化发展报告（2020）》，分为发展篇、地方篇、示范篇，系统梳理总结了近年来江苏推进建筑产业现代化的工作情况和取得的成效，结构清晰、内容丰富、图文并茂、数据翔实，可供全省相关管理人员和技术人员学习借鉴。

　　时间新故相推一往无前，奋斗接续发力永不止步。本书是对江苏建筑产业现代化推进工作的一次阶段性总结，旨在回顾过往，拾遗补漏，以期未来。希望这本《江苏省建筑产业现代化发展报告（2020）》能够引起社会各界对江苏建筑产业现代化工作的关注，激励大家坚定信心、凝聚共识、持续发力、久久为功，为推动江苏城乡建设绿色发展和高质量发展作出应有的贡献。

Contents
目录

01 发展篇

1 发展成效 ········· 008
  总体成效 ········· 008
  发展历程 ········· 010
  机制建设 ········· 012
  工作推动 ········· 014
  重点举措 ········· 016

2 科技支撑 ········· 022
  标准建设 ········· 022
  科研支撑 ········· 024
  成果、著述 ········· 030

3 发展展望 ········· 032
  形势分析 ········· 032
  发展目标 ········· 034
  主要任务 ········· 034

02 地方篇

  南京市 ········· 038
  无锡市 ········· 040
  徐州市 ········· 042
  常州市 ········· 044
  苏州市 ········· 046
  南通市 ········· 048
  连云港市 ········· 050
  淮安市 ········· 052
  盐城市 ········· 054

扬州市	056
镇江市	058
泰州市	060
宿迁市	062

03 示范篇

　　国家级示范建设 066
　　省级示范建设 068

1 示范园区 — 070
　　发展概况 070
　　示范园区建设 070

2 示范基地 — 086
　　集成应用类 086
　　设计研发类 096
　　部品生产类 106
　　人才实训类 122
　　装配式建筑检测机构 125
　　装配式建筑施工、监理企业 125

3 示范工程 — 130
　　装配式建筑 130
　　装配化装修 180
　　BIM 集成应用 184
　　市政 188

附录

　　江苏省建筑产业现代化示范名录 194

江苏省建筑产业现代化发展报告(2020)

01
发展篇
Development Articles

○ 发展成效

○ 科技支撑

○ 发展展望

1 发展成效 / Development Effectiveness

▶ 总体成效

建筑业产业链长、带动力强、贡献度高，是国民经济的重要支柱和富民安民的基础保障。2020年，全国建筑业总产值263947亿元，同比增长6.2%（资料来源：国家统计局）；江苏省2020年实现总产值35251.6亿元，同比增长6.5%，占全国的比重为13.4%，总量稳居全国首位（资料来源：江苏省统计局）。"十三五"期间，江苏省建筑业总产值达113426.3亿元，相较于"十二五"期间建筑业总产值163322.2亿元，增长率为44.0%。

"十三五"期间，江苏省委、省政府对建筑产业转型升级给予了高度关注。江苏省被确立为首批国家建筑产业现代化试点省份后，以提升设计建造质量为根本，健全政策体系、技术体系、标准体系和监管体系，大力推进装配式建筑、成品住房和绿色建筑"三位一体"融合发展，促进建筑业转型升级。

2015—2020年，江苏装配式建筑累计开工超1.2亿 m^2，全面完成了各年度目标任务。至2020年，全省新开工装配式建筑面积上升4492万 m^2，装配式建筑占新开工建筑面积比例提高27.7%。

2015—2020年全省新开工装配式建筑面积及占比情况

年份	新开工装配式建筑面积（万m^2）	占比（%）
2015年	360	3.1
2016年	608	4.5
2017年	1138	8.3
2018年	2079	15.0
2019年	3813	23.0
2020年	4852	30.8

2015—2020年全省新开工装配式建筑面积及占比情况

2016—2020年各设区市新开工装配式建筑面积（万m²）

序号	地区	2016年	2017年	2018年	2019年	2020年	合计
1	南京	236	321	336	584	853	2330
2	无锡	0	2	204	472	476	1155
3	徐州	86	130	272	506	568	1562
4	常州	7	104	236	163	378	887
5	苏州	28	67	448	796	834	2173
6	南通	79	130	318	393	475	1395
7	连云港	6	20	4	39	99	167
8	淮安	21	69	110	154	230	584
9	盐城	4	31	31	181	234	479
10	扬州	40	124	72	213	291	740
11	镇江	93	95	32	129	23	373
12	泰州	6	32	3	130	218	390
13	宿迁	4	13	13	53	173	257
	全省	608	1138	2079	3813	4852	12491

发展历程

我国建筑产业现代化发展起步始于20世纪50年代,历经20世纪70—90年代的发展起伏期与进入21世纪初的推进期,2016年正式进入全面发展期。

全国

- **2014**:《国家新型城镇化规划（2014-2020年）》发布。《装配式混凝土结构技术规程》正式实施。
- **2015**: 召开新中国成立以来第四次中央城市工作会议,提出建筑产业现代化相关要求。
- **2016**: 中共中央 国务院《关于进一步加强城市规划建设管理工作的若干意见》,提出力争用10年左右时间,使装配式建筑占新建建筑的比例达到30%。《国务院办公厅关于大力发展装配式建筑的指导意见》,提出大力发展装配式建筑的具体要求。全国装配式建筑工作现场会,要求全面落实装配式建筑发展目标和重点任务。
- **2017**:《"十三五"装配式建筑行动方案》《装配式建筑示范城市管理办法》《装配式建筑产业基地管理办法》明确了工作目标、重点任务。

江苏省

- **2014**:《江苏省政府关于加快推进建筑产业现代化促进建筑产业转型升级的意见》,明确推进建筑产业现代化的总体思路。
- **2015**:《江苏省绿色建筑发展条例》,提出建筑产业现代化相关要求。启动首批省级建筑产业现代化专项引导资金示范申报。
- **2016**:《江苏省建筑产业现代化发展水平监测评价办法》,探索开展省建筑产业现代化发展水平监测评价工作。
- **2017**:《关于在新建建筑中加快推广应用预制内外墙板、预制楼梯板、预制楼板的通知》,强制推动"三板"应用。

建筑产业是江苏省的支柱产业、优势产业、富民产业,近年来保持持续健康发展,产业规模连续多年位居全国首位。自2014年以来,江苏省紧抓成为国家首批建筑产业现代化试点省契机,聚焦高质量发展目标,健全完善政策体系、技术体系、标准体系和监管体系,大力推动装配式建筑、成品住房和绿色建筑"三位一体"融合联动发展,积极推动建筑产业转型升级。

《装配式建筑评价标准》于2018年2月1日起正式实施,规范装配式建筑评价。

《关于完善质量保障体系提升建筑工程品质的指导意见》,明确了大力发展装配式建筑、推进绿色施工的要求。

《关于推动智能建造与建筑工业化协同发展的指导意见》,明确了推动智能建造与建筑工业化协同发展的要求。

《关于加快新型建筑工业化发展的若干意见》,明确了以装配式建筑为代表的新型建筑工业化快速推进的相关要求。

《关于进一步明确新建建筑应用预制内外墙板预制楼梯板预制楼板相关要求的通知》,要求强制应用的"三板"比例不得低于60%。

《关于加强江苏省装配式建筑工程质量安全管理的意见(试行)》,细化了质量安全控制要求。

《江苏省住房城乡建设系统职业能力提升行动实施方案(2019—2021年)》,推动装配式建筑职业技能培训。

《江苏省装配式建筑综合评定标准》,规范装配式建筑综合评定。

《装配整体式混凝土结构检测技术规程》,规范装配整体式混凝土结构检测工作。

《关于开展装配式建筑综合评定的通知》,开展装配式建筑综合评定。

首次将装配化装修相关指标纳入年度目标任务考核,并开展《装配化装修技术规程》《成品住房装配化装修构造图集》编制。

机制建设

2014年12月，江苏省政府办公厅印发《关于建立全省建筑产业现代化推进工作联席会议制度的通知》，建立由15个成员单位组成的建筑产业现代化推进工作联席会议制度，联席会议办公室设在省住房城乡建设厅。省住房城乡建设厅内建立了协同推进机制，分解年度目标任务，共同推进装配式建筑相关工作。江苏省所有设区市和县级示范城市均建立了建筑产业现代化推进工作联席会议制度，形成了省市县三级联动的工作机制。

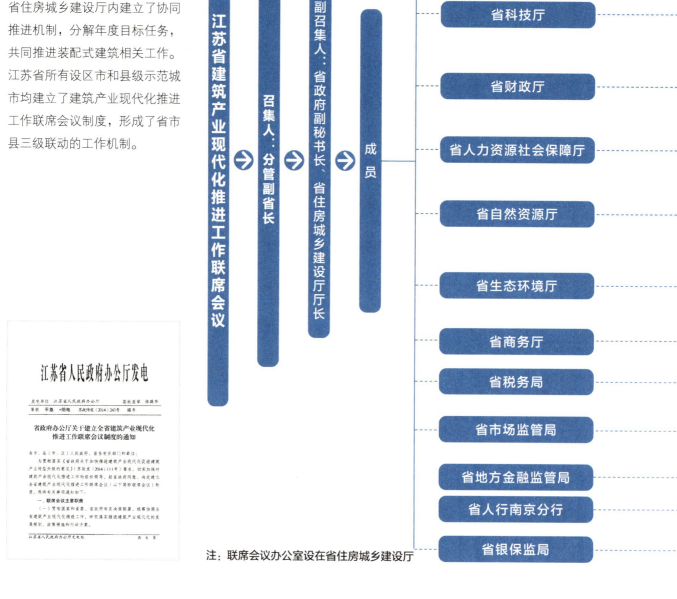

注：联席会议办公室设在省住房城乡建设厅

- 负责全省建筑产业现代化发展规划编制、技术标准制定、质量监管、试点示范、监测评价等工作，组织成立建筑产业现代化专家委员会，加强行业引导和技术指导。承担联席会议办公室日常工作，负责联席会议的组织、联络和协调，研究提出相关政策措施和联席会议议题，做好会议筹备工作；牵头制订年度工作计划，细化分解重点任务，明确分工和责任部门；协调各成员单位履行工作职责，汇总通报全省建筑产业现代化推进工作情况；组织专项调研和督查，推动落实联席会议议定事项；完成联席会议交办的其他事项

- 将《江苏省建筑产业现代化发展规划纲要》纳入国民经济和社会发展规划，在项目立项、发展政策等方面予以支持；将符合条件的建筑产业现代化项目，列入省级服务业和文化产业发展专项资金支持对象；符合现代化生产条件的建筑及住宅部品研发生产列入省高新技术产业和战略性新兴产业目录；将建筑产业现代化示范基地（园区）纳入省重点产业示范园区范围，享受省相关扶持政策

- 指导建筑产业相关企业转型升级，重点推进绿色建材业发展，支持发展新型装配式复合节能墙体，推动信息化示范应用等工作

- 研究制定建筑产业现代化科技支持政策，鼓励主导制定国家级或省级建筑产业现代化标准的企业申报高新技术企业；对建筑产业现代化国家级、省级研发中心以及协同创新中心申报的建筑产业现代化技术研发项目予以优先支持

- 加大财政资金支持力度，落实各项以奖代补及减免政策，并对资金使用管理情况和绩效情况实施监管；拓展省级建筑节能专项引导资金支持范围，优化省级保障性住房建设引导资金使用结构；对建筑产业现代化优质诚信企业，参照省级规模骨干工业企业政策予以财政奖励

- 通过各类人才计划，引进和培养一批建筑产业现代化高端专业技术人才及管理人才；协同建设建筑产业现代化技能人才实训园区，并优先推荐其申报省级重点产业专项公共实训基地

- 提供用地支持，重点加强对建筑产业现代化基地的用地保障，对列入省级年度重大项目投资计划、符合点供条件的优先安排用地指标；指导各地国土部门根据建筑产业现代化发展规划要求，加强对建筑产业现代化项目建设的用地支持

- 推进建筑产业现代化相关环保政策的落实，修订全省扬尘排污费征收和使用办法，将扬尘排污费征收范围扩大至全省，征收的扬尘排污费主要用于治理工地扬尘，对装配式施工建造项目核定相应的达标削减系数

- 引导企业开拓国际市场，提高国际竞争力，促进建筑产业国际化

- 落实建筑产业现代化的有关税收优惠政策

- 协同做好预制部品部件质量监管等工作；对获得"鲁班奖""扬子杯"的项目，协调纳入省级质量奖奖补范围

- 提供金融政策支持，重点加大对建筑产业现代化优质诚信企业的金融支持力度，积极开辟绿色通道、加大信贷支持力度，提升金融服务水平；对购买装配式商品住房和成品住房的，按照差别化住房信贷政策积极给予支持

- 提供保险政策支持，重点推进工程质量担保和工程质量保险等工作

工作推动

要点布置

江苏省建筑产业现代化推进工作联席会议办公室每年确定工作目标和重点任务,将装配式建筑、装配化装修、人才实训等年度目标任务分解至各设区市,并加强监督检查,强化工作指导和组织推进。

相关文件

会议推动

江苏省建筑产业现代化推进工作联席会议办公室每年召开工作推进会、现场会等,全面推进建筑产业现代化工作。

2015 年召开全省建筑产业现代化推进会

联席会议办公室工作会议

省住房城乡建设厅工作例会

全省工作推进会

现场观摩会

指导督查

江苏省建筑产业现代化推进工作联席会议办公室，每年组织对重点城市和各类省级建筑产业现代化示范开展督查指导、中期评估和验收评估工作，深化试点示范引领作用。

现场指导督查

重点举措

发展规划引领

2017年3月,省住房城乡建设厅发布《江苏省"十三五"建筑产业现代化发展规划》,明确"十三五"期间建筑产业现代化发展指导思想、基本原则、重点任务等。

"十三五"江苏省建筑产业现代化任务指标完成情况

任务	"十三五"规划指标	完成情况
国家级示范城市	3个	5个
国家级产业基地	20个	27个
省级示范城市	15个	20个(含示范园区)
省级示范基地	100个	196个
省级示范项目	100个	136个
装配式建筑占新建建筑的比例	30%	30.8%

专项资金支持

"十三五"期间,江苏省共设立省级建筑产业现代化专项引导资金项目253项,累计安排财政资金6.2亿元,重点支持装配式建筑各类示范、BIM技术应用、科技项目、标准编制和人员培训等。在引导资金支持下,各类示范项目积极探索推广先进适用技术,推动装配式建筑项目落地,为江苏省建筑产业现代化工作有序开展奠定了坚实基础。

"十三五"省级建筑产业现代化专项引导资金立项项目和资金安排

立项项目类型	立项数量(个)	安排资金(万元)
建筑产业现代化示范城市	12	48000
建筑产业现代化示范基地	101	5800
建筑产业现代化示范工程项目	68	4580
建筑产业现代化保障性住房示范项目	1	775.5
建筑信息模型(BIM)技术应用奖补项目	13	1000
建筑产业现代化人才实训项目	10	1640
建筑产业现代化科技支撑项目	48	1000

相关政策激励

2014年10月、2017年11月，江苏省政府先后印发《江苏省政府关于加快推进建筑产业现代化促进建筑产业转型升级的意见》《江苏省政府关于促进建筑业改革发展的意见》，明确建筑产业现代化发展总体要求、重点任务以及规划条件制定、土地出让、容积率奖励、城市基础设施配套费奖补、房地产开发项目提前预售、财政支持、费用减免等方面的支持政策。在此基础上，省住房城乡建设厅及有关部门在"三板"推广应用、装配化装修、工程总承包、工程招标投标、应急管控豁免、质量安全管理、综合评定等方面出台一系列配套政策，着力提高技术水平和工程品质，促进建筑产业转型升级、提质增效。

相关文件

"三板"推广应用

2017年2月，出台《省住房城乡建设厅 省发展改革委 省经信委 省环保厅 省质监局关于在新建建筑中加快推广应用预制内外墙板预制楼梯板预制楼板的通知》，2018年1月，出台《省住房和城乡建设厅关于进一步明确新建建筑应用预制内外墙板预制楼梯板预制楼板相关要求的通知》，全面推广应用"三板"，在全国属于创新性的做法，为全省新建建筑预制装配率提高、预制构件企业发展、产业工人队伍培育提供了重要支撑。

2016年省住房城乡建设厅建筑产业现代化推进工作例会，研究"三板"推广应用政策

装配化装修

2020年4月,将装配化装修相关指标纳入全省建筑产业现代化年度目标任务,同年发布实施《装配化装修技术标准》,为装配化装修设计流程、部品应用、施工、质量验收及使用运维提供标准依据。

装配化装修现场会

工程总承包

2020年7月,出台《省住房城乡建设厅 省发展改革委印发关于推进房屋建筑和市政基础设施项目工程总承包发展实施意见的通知》,明确装配式建筑原则上采用工程总承包方式,至2025年政府投资装配式建筑项目全部采用工程总承包方式。

工程招标投标

2020年8月，出台《省住房城乡建设厅关于印发深化房屋建筑和市政基础设施工程招标投标改革意见的通知》，规范装配式建筑招标投标活动。

工地应急管控豁免

2020年8月，发布《省住房城乡建设厅 省生态环境厅关于印发〈江苏省重污染天气建筑工地扬尘控制应急工作方案（试行）〉的通知》，装配式建筑工程施工（地面以上部分）和装配化装修被纳入应急管控豁免工序范围。

规范发展

质量安全管理

2018年8月，出台《省住房城乡建设厅关于做好装配式混凝土预制构件生产质量监理工作的指导意见》，对装配式混凝土预制构件生产质量的监理工作提出指导意见。

2019年9月，出台《省住房城乡建设厅印发〈关于加强江苏省装配式建筑工程质量安全管理的意见（试行）〉的通知》，明确了参建各方的质量安全责任，完善了装配式建筑部品部件、施工过程质量安全控制要求，细化了工程验收、监督管理等环节要求。

2019年10月，发布《装配式混凝土建筑工程质量检测工作指引》，2020年2月，发布地方标准《装配整体式混凝土结构检测技术规程》，规范了装配式建筑检测工作，保障工程质量。

综合评定

2020年2月，发布地方标准《江苏省装配式建筑综合评定标准》，明确了装配式建筑定义，规范装配式建筑综合评定。为进一步加快新型建筑工业化进程，提升江苏省装配式建筑设计和建造水平，促进装配式建筑高质量发展，2020年12月，出台《省建筑产业现代化推进工作联席会议办公室关于开展装配式建筑综合评定的通知》，开展装配式建筑综合评定。

相关文件

《江苏省装配式建筑综合评定标准》宣贯会

宣传推广

通过召开新闻发布会、在线访谈、邀请国内主流媒体推介等形式，全面介绍江苏省建筑产业现代化工作成效，有效回应社会关切；定期印发《建筑产业现代化推进工作简报》，充分利用网站、微信公众号等新媒体广泛宣传建筑产业现代化工作；在年度江苏绿色建筑发展大会举办装配式建筑专题论坛，加强交流合作。

工作简报

新闻发布会

在线访谈

江苏绿色建筑发展大会装配式建筑专题论坛

2 科技支撑 / Science and Technology Support

▶ 标准建设

标准是经济活动和社会发展的技术支撑，工程建设标准为规范行为，确保质量，提升品质发挥了不可替代的约束引导作用，江苏省一直积极参与国家标准、行业标准建设，有计划地做好地方标准的编制，引导、帮助企业开展企业标准的编制。

国家、行业标准

鼓励、支持高校、科研设计机构积极参与国家、行业标准编制。主编国家标准《木结构通用规范》《装配式木结构建筑技术标准》，行业标准《预制预应力混凝土装配整体式框架结构技术规程》，参编国家标准《装配式混凝土建筑技术标准》《装配式钢结构建筑技术标准》《装配式建筑评价标准》《建筑信息模型应用统一标准》《建筑信息模型施工应用标准》等，作为全国建筑产业现代化试点省份，为推动我国建筑产业的现代化作出了应有的贡献。

地方标准

2015年，江苏省组织开展"江苏省建筑产业现代化标准体系研究"，对国内外建筑产业现代化相关标准，尤其是国家和江苏省现行标准进行梳理，对相关环节标准的现状、适宜性和缺失情况进行了全面的分析和研究。根据建筑产业现代化技术发展现状与趋势，提出了江苏省建筑产业现代化标准体系。

建筑产业现代化标准体系框图

在建筑产业现代化标准体系指导下,江苏省有计划地围绕装配式建筑设计、施工、监理、检测、验收以及综合评定等编制完善装配式建筑地方标准,先后发布《装配整体式混凝土剪力墙结构技术规程》《装配式结构工程施工质量验收规程》《江苏省装配式建筑综合评定标准》《装配化装修技术标准》等省级装配式建筑相关标准20项,《轻质内隔墙构造图集》等标准设计8项,另有相关在编标准18项,在编标准设计9项,为推进江苏省装配式建筑发展提供了有力支撑。

江苏省装配式建筑相关标准("十三五"发布)

序号	标准名称	标准编号
1	施工现场装配式轻钢结构活动板房技术规程	DGJ32/J 54—2016
2	装配整体式混凝土剪力墙结构技术规程	DGJ32/TJ 125—2016
3	装配式结构工程施工质量验收规程	DGJ32/J 184—2016
4	预制预应力混凝土装配整体式结构技术规程	DGJ32/TJ 199—2016
5	江苏省民用建筑信息模型设计应用标准	DGJ32/TJ 210—2016
6	蒸压轻质加气混凝土板应用技术规程	DGJ32/TJ 06—2017
7	居住建筑标准化外窗系统应用技术规程	DGJ32/J 157—2017
8	装配式复合玻璃纤维增强混凝土板外墙应用技术规程	DGJ32/TJ 217—2017
9	装配整体式混凝土框架结构技术规程	DGJ32/TJ 219—2017
10	装配式混凝土建筑施工安全技术规程	DB32/T 3689—2019
11	装配式混凝土结构工程施工监理规程	DB32/T 3707—2019
12	装配式纤维增强水泥轻型挂板围护工程技术规程	DB32/T 3708—2019
13	钢骨架集成模块建筑技术标准	DB32/T 3750—2020
14	江苏省装配式建筑综合评定标准	DB32/T 3753—2020
15	装配整体式混凝土结构检测技术规程	DB32/T 3754—2020
16	轻钢龙骨式复合剪力墙房屋建筑技术规程	DB32/T 3911—2020
17	重型木结构技术标准	DB32/T 3914—2020
18	装配式混凝土结构现场连接施工与质量验收规程	DB32/T 3915—2020
19	工程勘察设计数字化交付标准	DB32/T 3918—2020
20	装配化装修技术标准	DB32/T 3965—2020
21	预应力混凝土叠合板	苏 G11—2016
22	预应力混凝土双T板	苏 G12—2016
23	整体式玻璃钢化粪池选用及安装	苏 S12—2016
24	住宅整体式卫生间设计图集	苏 J53—2017
25	住宅整体式厨房设计图集	苏 J54—2017
26	预应力混凝土马鞍形壳板	苏 G/T14—2019
27	轻质内隔墙构造图集	苏 G29—2019
28	装配整体式混凝土结构构件连接构造	苏 G56—2020

企业标准

工程建设企业标准化工作是实施工程建设标准化的重要方面，为提高工程建设企业标准化水平，推进工程建设企业科技创新，充分发挥标准在新技术、新材料、新工艺、新产品等科技成果转化中的约束引导、桥梁纽带和技术支撑作用，进一步确保工程质量和安全，江苏省实施了工程建设企业技术标准认证公告制度。截至2020年12月，江苏省工程建设标准站共认证《联泷模块化装配整体式混凝土剪力墙结构应用技术规程》等8项标准和《预应力混凝土钢管桁架叠合板》等5项标准设计，加快并规范了装配式建筑新技术、新材料、新工艺、新产品的推广应用，推动了全省装配式建筑等重点工作的开展。

科研支撑

科研项目

江苏省积极参加住房和城乡建设部、江苏省科技厅等单位组织的课题研究。其中南京工业大学刘伟庆教授牵头完成的"现代木结构关键技术研究与工程应用"和郭正兴教授牵头的东南大学等团队完成的"装配式混凝土结构创新与应用"两项研究成果荣获2017年度江苏省科学技术奖一等奖。

"现代木结构关键技术研究与工程应用"获奖证书

贵州榕江游泳馆

苏州胥虹桥

"装配式混凝土结构创新与应用"获奖证书

剪力墙边缘构件U形筋对接、中部分布钢筋浆锚连接的混合连接技术

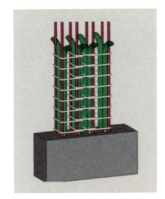
剪力墙边缘构件扣搭焊接封闭箍筋约束金属波纹管浆锚连接技术

2015—2016年，江苏省建筑产业现代化科技支撑项目立项支持47项课题，2015—2020年，江苏省建设系统科技项目计划类支持10项、指导类支持185项课题，组织开展建筑产业现代化关键技术攻关。部分课题介绍如下：

"装配式建筑正向设计研究与示范"课题：以构件为载体，在装配式建筑中采用正向设计方法，研发适合建筑师使用的方案设计软件，构建适合专业协同的建筑构件数据库，并研发标准化保障房户型设计，推动标准化套型和标准化构件在保障性住房中的大规模应用，对成本控制、质量提升、施工简化和效率提高等均有积极意义。

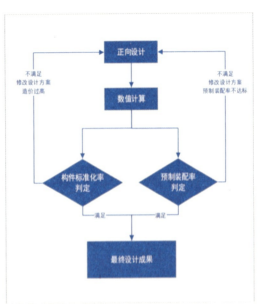
基于定量计算的方案设计阶段指标计算

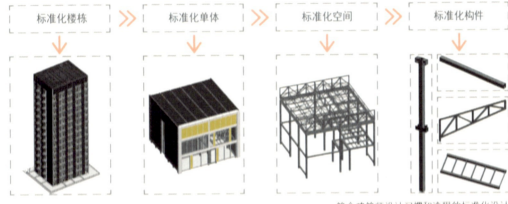
符合建筑师设计习惯和流程的标准化设计

"装配式建筑全生命周期质量追溯体系研究与示范"课题：在装配式建筑从设计、生产、施工到运维的全生命周期，以信息化的手段建立面向装配式建筑全生命周期省级行业管理信息化平台，同时将市、县（区）级的装配式建筑管理内容与省级行业管理平台对接，省级平台利用相关数据进行大数据分析，形成对省内装配式建筑市场的资源调配、宏观预警。

"异形束柱装配式钢结构住宅体系技术规程"课题：针对传统钢结构住宅体系存在的梁柱凸出墙面、节点施工不便等问题，通过理论、试验等方式进行深入研究，提出新型异形束柱装配式钢结构住宅体系。该体系适用性广、抗震性能好、使用空间效率高，具有广泛的推广应用价值。

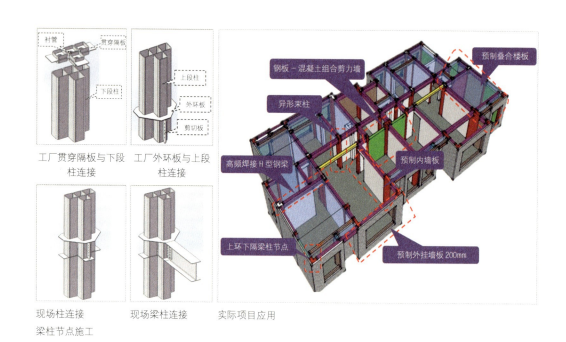

技术体系研究与应用

装配式建筑按结构类型分，包括装配式混凝土结构、装配式钢结构、装配式木结构、装配式混合结构、模块建筑等，江苏省应用最广泛的是装配式混凝土结构，其余各种类型也都有应用。

装配式混凝土结构

近年来，江苏省大力发展装配式混凝土结构建筑，加强技术支撑，推动项目落地，取得阶段性成效。预制预应力混凝土装配整体式框架结构体系、预制装配整体式剪力墙结构体系、双板叠合预制装配整体式剪力墙体系等不断得到实践应用，技术体系日趋成熟，相关研究成果总结上升为江苏省工程建设地方标准，包括《装配整体式混凝土剪力墙结构技术规程》《预制预应力混凝土装配整体式结构技术规程》等。

预制构件钢筋连接技术应用也得到长足发展，钢筋套筒灌浆连接技术、钢筋浆锚搭接和对接连接技术、钢筋集中约束搭接连接技术等应用日趋成熟。相关研究成果总结上升为地方标准《装配式混凝土结构现场连接施工与质量验收规程》，相关连接技术在南京迈皋桥 NO.2019G01 地块一标段工程、海门中南世纪城 96 号楼、南京地铁四号线孟北站地块保障房新增（三组团）B 地块工程等项目得到应用。

南京迈皋桥项目现场灌浆　　海门中南世纪城 96 号楼　　金属波纹管预埋　　浆锚钢筋绑扎

装配式钢结构

近年来，江苏省在已有的钢框架结构、低层冷弯薄壁型钢结构、钢框架支撑结构、钢管混凝土扁柱框架－支撑结构、组合箱形钢板剪力墙装配式钢结构等的基础上，不断深入研究并开展工程实践，研发出新型装配式钢结构体系。

1. 异形束柱钢框架支撑结构

以东南大学土木工程学院为主的研究团队提出异形束柱钢框架支撑新型装配式钢结构体系，该结构体系由异形束柱、支撑单元和新型装配式梁柱节点组成，装配效率高、不露柱露梁、结构布置灵活、抗侧刚度大，适用于多高层住宅和公共建筑。目前，该体系已在徐州飞虹网架建设公司装配式钢结构样板楼和徐州丰县盛和嘉园物管楼、17 号住宅楼和幼儿园等工程中应用。

盛和嘉园 17 号住宅楼　　盛和嘉园幼儿园

2. 异形束柱钢框架－双钢板组合剪力墙结构

以东南大学土木工程学院为主的研究团队提出的一种新型装配式钢结构体系。该结构体系采用异形束柱钢框架和新型双钢板组合剪力墙作为双重抗侧力体系，具有结构布置灵活、抗侧刚度大以及抗震性能好等优点，应用前景十分广泛。目前，异形束柱钢框架－双钢板组合剪力墙结构体系已在新蓝天装配式钢结构样板楼等工程中应用。

新蓝天装配式钢结构样板楼

3. 装配式模块化钢结构

由标准化的房屋功能模块组成，通常包括居住模块、厨房模块、卫浴模块、楼电梯模块和阳台模块等。装配式模块化钢结构体系具有标准化程度高和现场施工速度快等特点。目前，装配式模块化钢结构体系多用于模块化公寓、特色商业、酒店和临时建筑中。

南京江心洲临时安置学校项目　　　　　　　南京集装箱咖啡馆

4. 焊接箱形柱钢框架－核心筒结构

一种装配式钢－混结构体系，该体系的钢框架部分采用焊接箱形柱和高频焊接 H 型钢，核心筒采用钢筋混凝土结构。该结构体系梁柱截面小、室内空间大、结构整体变形小，适用于高层建筑结构。目前，装配式钢框架－钢筋混凝土核心筒结构体系已在扬州市宝应县国强家园高层住宅项目中应用。

焊接箱形柱钢框架－核心筒结构体系

宝应县国强家园高层住宅项目

装配式木结构

现代木结构具有绿色环保、健康宜居、工业化程度高等特点，大力发展现代木结构符合碳达峰、碳中和的国家战略。

近年来，江苏省装配式木结构建筑市场发展呈上升态势，技术体系和相关标准规范不断完善，项目应用不断增多。江苏省木结构应用以轻型木结构居多，木框架－剪力墙结构、大跨木结构也得到了一定应用。重点课题"现代木结构关键技术研究与工程应用"等针对现代木结构应用中的关键技术问题，系统开展了现代木结构抗震防火、性能化设计、耐久性提升及损伤检测等研究，取得了丰硕的成果，主编了国家全文强制性标准《木结构通用规范》以及其他多项国家、行业标准。研究成果在江苏省第十届园艺博览会主展馆、常州淹城初级中学体育馆、滨州黄河故道公园飞虹桥等项目得到应用。

江苏省第十届园艺博览会主展馆
（全国绿色建筑创新一等奖）

常州淹城初级中学体育馆
（国内首座全木结构体育馆）

滨州黄河故道公园飞虹桥（世界跨度最大木结构拱桥）

▶ 成果、著述

《装配式建筑丛书》是在江苏省住房和城乡建设厅指导下，江苏省住房和城乡建设厅科技发展中心联合东南大学、南京工业大学、南京长江都市建筑设计股份有限公司等单位的一线专家学者和技术骨干系统编著而成。由《装配式建筑设计实务与示例》等七个分册组成，系统全面地对装配式建筑相关技术进行了理论总结和项目实践。旨在推进装配式建筑发展的过程中，解决专业化人才队伍数量不足、技能不高、层次不全等问题，提升人员素质和塑造职业能力。

《装配式建筑丛书》被江苏省新闻出版局列入《江苏省"十四五"时期重点图书、音像、电子出版物出版专项规划项目》，全国工程勘察设计大师郁银泉担任主任委员的审查委员会认为，丛书符合装配式建筑发展方向，对推动建筑产业现代化发展有较强的指导意义。

《装配式建筑丛书》

《装配式建筑技术手册（混凝土结构分册）》由江苏省住房和城乡建设厅、江苏省住房和城乡建设厅科技发展中心组织编著，共分"设计篇""施工篇""生产篇"及"BIM篇"四个分篇。通过梳理、细化现行标准，总结提炼大量工程实践应用，系统呈现了当前装配式混凝土建筑的成熟技术体系、构造措施和施工工艺工法，便于技术人员学习和查阅，是一套具有实际指导意义的工具书。

全国工程勘察设计大师娄宇担任主任委员的审查委员会认为，《装配式建筑技术手册（混凝土结构分册）》采用了图、文、表并茂的形式，体例新颖、通俗易懂，体现了以策划为先导、以实际应用为目的、以要点突出为原则的编制思想，作为装配式混凝土结构建筑的工具书，具有较好的实操性和指导性，填补了国内空白。

《装配式建筑技术手册（混凝土结构分册）》

中国工程院院士岳清瑞、全国工程勘察设计大师王立军担任正副主任委员的审查委员会认为，《装配式建筑技术手册（钢结构建筑分册）》针对装配式钢结构建筑发展需求，在总结提炼大量装配式钢结构建筑研发成果与工程创新实践的基础上，从全产业链的角度，分设计篇、制作安装篇、BIM应用篇进行编写，系统反映了当前多高层装配式钢结构建筑的成熟技术体系、构造措施和工艺工法等，在现行国家标准的基础上细化了相关技术内容，突出了工程案例指导作用，具有实操性、指导性和先进性，填补了国内空白。

3 发展展望 / Development Outlook

▶ 形势分析

绿色低碳发展战略指明未来方向

第 75 届联合国大会期间,习近平总书记提出中国二氧化碳排放力争 2030 年前达到峰值,努力争取 2060 年前实现碳中和。江苏产业密集、人口密集,以占全国 1.1% 的国土面积,承载了全国 5.8% 的人口,创造了超过 10% 的 GDP,作为能源消耗大省,是全国碳减排的重点地区。2020 年,江苏提出在全国率先实现"碳达峰"的目标。作为能源消耗的重要领域,建筑行业碳减排对于江苏"碳达峰"将起到关键的支撑作用。建筑领域绿色低碳转型的迫切需求,既对装配式建筑发展提出了更高的目标,同时也带来了崭新的机遇。

国家政策出台加快推动行业新发展

2017 年,住房和城乡建设部印发《"十三五"装配式建筑行动方案》,明确到 2020 年,全国装配式建筑占新建建筑比例达到 15% 以上的目标。2020 年,全国新开工装配式建筑共计 6.3 亿 m^2,较 2019 年增长 50%,占新建建筑面积的比例约为 20.5%,其中,装配式钢结构集成模块建筑得到快速推广,为新冠肺炎疫情防控发挥了重要作用。随着政策驱动和市场内生动力的增强,装配式建筑相关产业发展迅速,截至 2020 年,全国共创建国家级装配式建筑产业基地 328 个、省级产业基地 908 个。在装配式建筑产业链中,构件生产、装配化装修成为新的亮点。其中,构件生产产能和产能利用率进一步提高,全年装配化装修面积较 2019 年增长 58.7%。

2020 年 7—8 月,住房和城乡建设部等多个部门先后联合印发了《关于推动智能建造与建筑工业化协同发展的指导意见》《关于加快新型建筑工业化发展的若干意见》,为当前和今后一个时期推动智能建造与建筑工业化协同发展,推动新型建筑工业化发展,推动建筑业转型升级、实现高质量发展提供了基本遵循。

经济发展溢出效应带来持续后劲

习近平总书记指出,要坚定不移贯彻新发展理念,推动长江经济带高质量发展,谱写生态优先绿色发展新篇章。

"一带一路"倡议、"长江经济带发展"和"长三角区域一体化发展"战略的深入实施,为装配式建筑高质量以及区域协调发展提供了强大的经济支撑作用。我国经济发展进入新常态,要求经济增长更多依靠科技进步、劳动者素质提升和管理创新,为江苏建筑产业推动创新发展、转型升级提出了新要求。江苏省作为全国经济大省,经济发展水平居全国前列,江苏省经济的持续平稳健康发展,将为江苏省建筑产业现代化行业和市场注入持久活力。

生态环境保护约束加大带来新契机

在应对气候变化、实现环境保护、保障能源安全的大背景下,迫切需要全面提高资源利用效率,严格控制能源消费总量。随着生活水平的逐渐提高,人民群众对建筑环境品质和服务水平的要求也日益提升,建筑能源资源消耗的需求逐步扩大,给建筑节能减排带来了更大挑战。装配式建筑的高质量发展与新时代人民群众美好生活需求相互统一,可在工业化建筑建造过程中大幅度减少建筑垃圾和污水排放,降低噪声和粉尘。生态文明理念和绿色城镇化发展要求,为江苏建筑产业现代化推进提供了新契机。

科学技术快速进步提供有力支撑

近年来,人工智能、物联网、大数据、云计算等信息化技术飞速发展,推动着建筑行业的产业链升级,改变着建筑生产建造、管理组织工程、项目运行维护等各个方面。相关科学技术的快速进步,正推动建筑产业逐步从传统手工操作向自动化工业生产转变,由分散式技术运用向集成式技术运用转变,高效灵活的工业化建筑产品与服务的生产模式正在形成。劳动力、土地、能源资源、资本价格和环境违约成本的持续攀升,使传统建造方式的资源密集优势、成本优势逐步丧失,行业转型升级步伐加快,将推动以科技创新为主要驱动力的建筑产业现代化在更广阔空间获得新发展。

▶ 发展目标

"十四五"期间，稳步推进装配式建筑，大力发展装配化装修。到 2025 年，装配式建筑占同期新开工建筑面积比例达到 50%，装配化装修建筑占同期新开工成品住房面积比例达到 30%。

▶ 主要任务

加大装配式建造技术应用

大力推广装配式混凝土建筑，完善适用于不同建筑类型的装配式混凝土建筑结构体系。鼓励在医院、学校等公共建筑中采用钢结构，积极探索钢结构技术体系在住宅和农房等项目中的应用，积极推广装配式木结构建筑。同时，积极探索装配式建造适宜技术在市政、轨道交通、园林、村镇建设及城市更新等领域的应用。到 2025 年，装配式建筑占同期新开工建筑面积比例达到 50%。

积极推广装配化装修

积极推进装配化装修在成品住房项目中的应用，研究制定装配化装修住宅质量保证书和使用说明书范本。在政府投资项目中积极推行装配化装修，大力推进住房设计、施工和装修一体化。积极引导开发企业在商品住宅中采用标准化、模块化和干法作业的装配化装修，促进整体厨卫、装修部品和设备管线集成化等技术应用。到 2025 年，装配化装修建筑占同期新开工成品住房面积比例达到 30%。

提升装配式建筑品质

强化设计引领，促进装配式建筑项目集成化设计、工业化建造与建筑风貌有机统一。研究推广装配式建筑正向设计，推广少规格、多组合设计方法、数字化设计手段及多专业协同设计模式，提升装配式建筑标准化、系统化、集成化设计水平。推动构件和部品标准化，编制主要构件尺寸指南，推进预制混凝土墙板、叠合楼板、楼梯板等通用构件，满足标准化设计选型要求。编制集成化、模块化建筑部品相关标准图则，提高整体卫浴、集成厨房、整体门窗等建筑部品的产业配套能力，逐步形成标准化、系列化的建筑部品供应体系。

强化科技创新

支持全产业链技术创新,围绕新型材料、部品部件生产、质量检测、智能建造技术等重点领域组织开展技术攻关,加快形成一批具有自主知识产权的核心技术和产品体系。加强信息化技术融合,提升建筑数字化水平,在新建工程中加快推广建筑信息模型(BIM)应用,引导设计、施工、运维一体化应用模式。加快应用大数据和物联网技术,鼓励发展建筑机器人等智能技术。

严格质量安全管理

突出建设单位工程质量首要责任,进一步强化参建各方质量主体责任;完善装配式建筑在方案技术论证、施工图审查、部品部件检测、质量安全监督、工程验收、运营维护等环节的相关制度和技术规范;支持行业社团对构件和部品生产企业开展综合评价,增强企业自律意识;强化部品部件进场、吊装安装、节点连接、密封防水等关键部位和工序质量安全管控,利用信息手段对构件和部品部件进行全程跟踪和追溯,建立完善的装配式建筑质量安全监管体系;推动落实工程质量担保和保险制度。

加强人才培养

积极探索和建立新型建筑工业化人才引进培养机制,加强高层次管理人才、技术人员、产业工人的培养和储备;通过"333"工程、"六大人才高峰"等,引进和培养一批高素质建筑产业人才;组织开展新型建筑工业化方面的技术培训,提升行业领导干部、企业负责人、专业技术人员、经营管理人员的管理能力和技术水平;鼓励高校科研人员通过兼职、挂职、参与项目合作等方式到相关企业开展创新创业活动,或携带专利成果到相关企业实施技术转移;加强新型建筑工业化技能人才的培训,逐步完善装配式建筑产业工人职业能力培训和考核体系,开展装配式建筑关键岗位持证上岗制度探索研究,促进有一定专业技能水平的建筑工人向有素质的产业工人转变。

江苏省建筑产业现代化发展报告(2020)

02
地方篇
Each City Articles

- 南京市
- 无锡市
- 徐州市
- 常州市
- 苏州市
- 南通市
- 连云港市
- 淮安市
- 盐城市
- 扬州市
- 镇江市
- 泰州市
- 宿迁市

丁家庄二期地块保障性住房项目 A27 地块

江宁西部美丽乡村文化展示中心

扬子江国际会议中心

南京市

■ **总体情况**

2016—2020 年，南京市共成交经营性地块 628 幅，明确装配式建筑指标要求的地块 316 幅，规划地上建筑面积同期占比达 59.75%。"十三五"期间，全市累计新开工装配式建筑项目超 300 个，总建筑面积 2466 万 m^2，装配式建筑在同期新开工建筑中的占比逐年提升。截至 2020 年底，新开工装配式建筑面积占比达 38.7%，创建各类建筑产业现代化示范 78 个，其中国家级示范城市 1 个，国家级产业基地 9 个，省级示范城市 2 个，省级示范基地 40 个，省级示范工程项目 26 个。

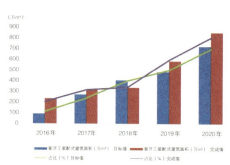

2016—2020 年新建装配式建筑任务完成情况

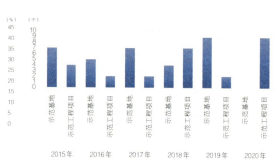

省级建筑产业现代化示范数量

■ **机制建设**

南京市成立建筑产业现代化推进工作领导小组，建立联席会议制度，定期召开工作会议。同时与国土、规划、财政、房产等成员单位对接，在推动装配式建筑落地实施、落实相关支持政策等方面构建了切实可行的工作机制。

相关政策文件与工作机制

明确由广度、高度、深度三个维度推进装配式建筑发展。广度：扩大装配式建筑应用范围，推广多元化装配式建筑体系与技术应用；高度：以BIM技术协同装配式建筑设计、施工、生产到运维全过程，提升装配式建筑管理水平；深度：以EPC工程总承包模式为重点，提高装配式建筑预制装配水平，形成装配式建造技术应用与管理特色。

■ **亮点做法**

1. 强化顶层设计，出台政策文件。南京市政府办公厅发布《南京市关于进一步推进装配式建筑发展的实施意见》，明确提出行政审批、奖励引导、资金补助、产业扶持等全套政策措施。

2. 划定推进区域，明确指标要求。全市市域范围划分为重点推进区域、积极推进区域和鼓励推进区域三个层次，其中重点推进区域执行装配式建筑"两个100%"要求（同一地块100%采用装配式，住宅100%实行全装修成品房交付）。

3. 构建监管平台，实现全过程质量追溯。建立基于BIM的"南京装配式建筑信息服务与监管平台"，实现PC构件由设计、生产到施工的全过程数据交互与协同，为政府进行质量监管、指标控制、数据统计分析等提供支持。

4. 落实激励政策，调动各方积极性。落实容积率奖励、商品房预售许可和邀请招标等奖励政策，充分调动、激发企业积极性。截至2020年底，累计215个、总建筑面积近1500万 m² 项目受到奖励。

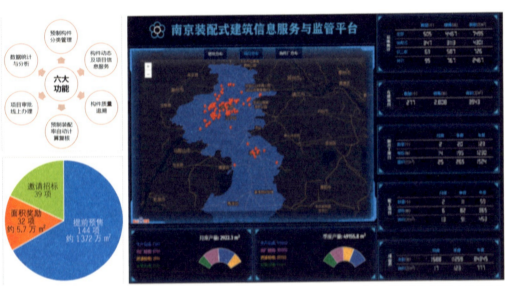

南京市装配式建筑信息服务与监管平台

凤翔路改造工程-装配式桥梁工程

沪宁钢机-国家装配式建筑产业基地

锡澄线南门站-装配式地下车站　　　　　　　　市委党校-装配化装修一体化项目

无锡市

■ **总体情况**

无锡市认真落实省委、省政府决策部署，扎实推进建筑产业现代化工作。"十三五"期间，全市新开工装配式建筑项目283个、新开工装配式建筑面积1549万 m^2、新开工"三板"建筑面积2187万 m^2。截至2020年底，新开工装配式建筑面积占比达33.7%，创建各类建筑产业现代化示范28个，其中国家级产业基地2个，省级示范基地15个，省级示范工程项目11个。

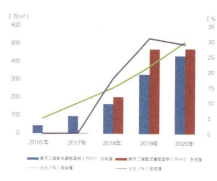
2016—2020年新建装配式建筑任务完成情况

省级建筑产业现代化示范数量

■ **机制建设**

1. 2016年，成立无锡市建筑产业现代化推进工作领导小组并建立工作联席制度，分管市长任组长、15个相关部门为成员单位。市住房城乡建设局同步建立专项工作领导小组，设建筑工业化、住宅产业化和绿色建筑分组。

2. 发布《市政府关于加快推进建筑产业现代化促进建筑产业转型升级的实施意见》《关于印发〈无锡市推进装配式建筑发展实施细则〉的通知》《无锡市建筑产业现代化示范项目验收评估办法》等文件，明确政策导向、完善体系构建、落实奖励政策，强化现场监督。

无锡市装配式建筑发展政策文件

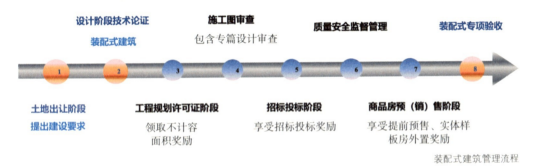

装配式建筑管理流程

■ 亮点做法

1. 政策奖励,发挥企业主动性。全面落实不计容面积奖励、招标投标奖励等省级政策,在此基础上增设商品房提前预售、实体样板房实体外置、开发企业信用考核加分等奖励政策。

2. 过程管控,构建监管体系。在日常监管体系基础上,采取土地出让阶段明确建设要求,设计阶段开展方案论证、编制设计专篇、深化设计论证,竣工前开展专项验收等举措,完善监管流程,保证工程质量。

3. 技术引领,促进高质量发展。制定高标准发展战略,率先采取预制率、预制装配率双控指标,切实推动装配式建造技术应用;坚持技术引领,充分发挥技术审查的监督、指导作用;完善技术体系建设,编制《无锡市装配式建筑(混凝土结构)设计文件编制导则》、装配式高架桥梁和地铁车站技术标准等技术文件,规范设计标准和深度要求。

4. 市政领域运用,形成地方特色。在市政领域探索装配式技术应用与实践,江苏省首个装配式高架桥梁工程——凤翔北路快速化改造工程建成通车,首个软土富水地区、基坑多道支撑条件下的预制装配整体式地下车站——无锡地铁S1号线南门站项目开工建设,采用技术与设计水平达国际先进水平。

5. 高品质住宅,助力房地产调控。建筑产业现代化发展作为助力房地产调控的重要手段,实施高品质住宅标准,深度融合装配式建设、成品住宅比例、装配化装修等产业发展需求与房地产调控政策。

城市鸟瞰

徐州市

■ **总体情况**

"十三五"期间,徐州市累计新建装配式建筑 1476 万 m^2,年度新开工装配式建筑面积占比由 3% 提升至 37%,创建各类建筑产业现代化示范 33 个,其中省级示范城市 1 个,省级示范园区 1 个,省级示范基地 17 个,省级示范工程项目 14 个,产业与项目形成较好示范引领效果,产业链布局已辐射淮海经济区。

■ **机制建设**

1. 政策措施有力。推行实施装配式建筑范围基本涵盖主城区和新城区,新建项目均应采用装配式施工,预制装配率不低于 50%。

2. 激励措施有效。满足预制装配率要求且为成品房的装配式项目,可提前办理房地产预售。

3. 实施《装配式建筑设计指导意见》登记制度,提高装配式建筑落地实施的科学性和精准性。

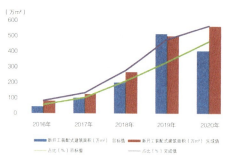

2016—2020 年新建装配式建筑任务完成情况

省级建筑产业现代化示范数量

钢结构公建-大智慧数据谷（省级示范项目）

在建中的徐州园博园宕口酒店（预制装配率大于50%）

淮海科技城项目（省级示范项目）

■ 亮点做法

1. 形成土地出让阶段写入、设计阶段指导、建设过程监督、验收阶段复核的装配式建筑全过程闭合监管模式。尤其在项目设计阶段，通过靠前指导、出具装配式建筑设计指导意见等方式严格把关。

2. 充分落实用地、财政、行政等支持政策。符合示范综合要求的项目直接给予奖补资金，符合预制装配率要求的项目给予提前预售的行政许可。

3. 挖掘钢结构优势，完善地方自主知识产权。组织成立徐州钢结构及建筑产业现代化协会，促进中煤百甲、恒久钢构等企业开展技术研究、申请发明专利和进行项目实践。

相关文件

生产企业与产能

- 全市共有20多家具备一定规模的预制构件和部品生产企业（钢结构生产企业4家），市区8家，贾汪5家，铜山1家，邳州4家，沛县3家，新沂1家。
- 2019年实际产量约：25万t钢构件、108万m³混凝土构件、20万m²内隔墙构件。

生产能力辐射淮海经济区

淮海经济区域图

组织领导-成立工作机构

徐州市政府成立徐州市推进建筑产业现代化工作领导小组

由市政府分管城乡建设工作的领导同志担任组长，市政府分管副秘书长、市住房城乡建设局主要负责同志担任副组长，成员单位由20个市级各相关部门和单位组成。

相关成果

新城帝景

盘龙小学

淹城中学体育馆

常州市

■ **总体情况**

常州市自2017年1月开始全面推进装配式建筑发展。截至2020年底，全市累计新开工装配式建筑面积达1492万㎡，创建各类建筑产业现代化示范30个，其中国家级示范城市1个，国家级产业基地1个，省级示范城市1个，省级示范园区1个，省级示范基地19个，省级示范工程项目7个。2018年，新北区盘龙苑小学项目率先开展装配化装修实践（总建筑面积3.9万㎡）。2020年，武进绿建区人才公寓项目系统应用装配式装修技术（总建筑面积6000㎡）。依托人才培训基地，2020年共培训装配式产业工人500余人次（理论培训350人，实操培训150人）。

2016—2020年新建装配式建筑任务完成情况

省级建筑产业现代化示范数量

■ **机制建设**

按照"政府引导、示范引领、重点突破"原则制定科学发展路径、出台务实政策措施、建立高效工作机制,扎实推进项目建设。"土地出让建设条件意见书"中明确"三板"应用有关要求,加快推进"三板"政策落地;制定、下达年度专项工作要点及目标任务,要求各辖市区狠抓落实;不断健全工作机制、强化组织推进,完善落实政策措施,严格质量安全监管。全市装配式建筑工作机制基本建立,闭合管理体系逐步形成,项目推进成效显著。

相关文件

■ **亮点做法**

1. 强化顶层设计,出台政策文件。以住宅产业现代化为重点,以技术创新为动力,以建筑工业化生产为手段,出台务实政策措施,建立高效工作机制,扎实推进项目建设。

2. 强化组织推进,落实政策措施。武进区在全省率先开展项目"三合一"审查机制,对绿建、建筑产业现代化、海绵城市进行专项联合审查,行政职能优化整合,大大提升了管理效能。

3. 开展"三板"应用评估。开展"预制三板"专项调研、轻质墙板应用研究等,同时完善相关技术标准及管理政策。

4. 研究建立监测系统。编制建设用地、审图项目、施工许可、住宅预售、竣工备案等基础数据表单,收集项目建设各监管环节基本信息,研发装配式建筑发展指标监测系统。以大数据分析匹配获取相关数据,实现全市装配式建筑发展动态监测。

常州市装配式建筑指标监测系统

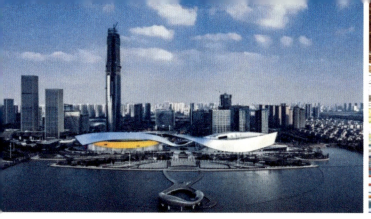
苏州湾文化中心

苏州第二工人文化宫

苏州市广播电视总台现代传媒广场

苏地 2016-WG-19 南地块

苏州市

■ **总体情况**

苏州市紧抓省级建筑产业现代化示范城市契机，建筑产业现代化发展工作统筹谋划、高效推进，现已形成"一城、四区、多点"的布局结构。"十三五"期间，苏州市积极培育高水平的示范工程项目、打造具有影响力的产业品牌，促进形成以优势企业为核心、上下游产业链完善的建筑产业现代化集群。截至 2020 年底，创建各类建筑产业现代化示范 55 个，其中国家级产业基地 6 个，省级示范城市 1 个，省级示范基地 25 个，省级示范工程项目 23 个，累计新开工装配式建筑面积达 3000 万 m^2，2020 年新开工装配式建筑面积占比达 30% 以上。2020 年 10 月，省级建筑产业现代化示范城市创建通过评估。

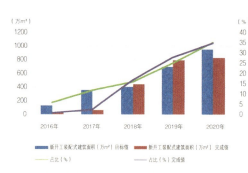
2016—2020 年新建装配式建筑任务完成情况

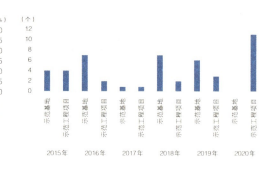
省级建筑产业现代化示范数量

■ 机制建设

2016年10月,苏州市建立推进建筑产业现代化工作联席会议制度,发布《苏州市建筑产业现代化"十三五"发展规划》《市政府印发关于加快推进建筑产业现代化发展的实施意见的通知》《市政府关于印发关于推进建筑产业现代化发展的若干政策意见(暂行)的通知》《市政府办公室印发关于推进装配式建筑发展加强建设监管的实施细则(试行)的通知》《市政府关于进一步促进建筑业改革发展的实施意见》《苏州市省级建筑产业现代化示范城市实施方案》等政策文件,积极推进全市建筑产业现代化工作。

相关文件

■ 亮点做法

1. 建立健全装配式建筑全过程监管体系。联席会议明确各成员单位工作职责,结合实际出台规划审批、土地供应、财政金融等相关支持政策,逐步建立健全覆盖项目立项、招标投标、规划设计、施工图审查、施工、监理等全过程监管体系。

2. 分区分类推进建筑产业现代化发展。结合苏州各市、区产业基础积极推进项目建设,同时以规模企业带动为路径优化产业布局,持续推进设计研发、部品生产等产业基地建设。

苏州市装配式建筑管理信息平台

3. 积极推进装配式建筑产业链协同发展。大力培育以设计研发、集成应用、部品生产类为重点的建筑产业链,满足装配式建筑设计、施工、部品、装饰、构件供给等发展要求,形成多层级、多门类(钢筋混凝土结构、钢结构、木结构等)、高水平的建筑产业现代化基地集群,推进预制构件、装配化装修、整体厨卫等部品生产的标准化、工业化和智能化。

4. 探索建立装配式建筑信息化管理系统。开发"苏州市装配式建筑信息管理系统",构建全过程监管体系和装配式项目统一管理系统平台。依托大数据分析,实现地块、项目、部件、示范基地、示范项目、信用、人才培训等统一监督与管理,为装配式建筑监管与发展提供决策辅助。

南通市政务中心停车楼

南通万科方圆

南通市委党校

南通市

■ **总体情况**

2015年6月，南通市政府发布《市政府关于印发加快推进建筑产业现代化促进建筑业转型升级的实施意见》，次年对19幅地块提出专项要求，确定装配式建筑面积87.3万 m^2。"十三五"期间，创建各类建筑产业现代化示范46个，其中国家级示范城市2个，国家级产业基地5个，省级示范城市3个，省级示范园区1个，省级示范基地18个，省级示范工程项目17个。新开工装配式建筑面积达1442万 m^2，预制装配率45%以上。2020年，南通市区新开工装配式建筑面积达451万 m^2，占同期新开工建筑面积的70%。

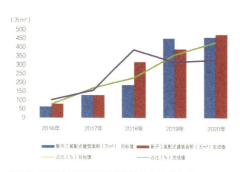
2016—2020年新建装配式建筑任务完成情况

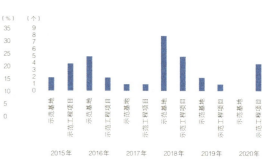
省级建筑产业现代化示范数量

■ 机制建设

南通市将建筑业列入"3+3+N"重点培育产业序列，建筑产业现代化发展推动为市委、市政府重点工作。成立南通市联席会议办公室，市住房城乡建设局成立装配式建筑推进办公室。市委常委会、市政府常务会多次听取工作推进汇报，同时整合生态、外经、科技、人才等专项资金，形成调结构、促转型组合效应，推进全市建筑产业现代化发展。

装配式建筑推进流程

■ 亮点做法

1. 闭合流程，推进装配式建筑。自土地出让征询意见环节开始，对符合条件的建设项目提出装配式建筑相关指标；建设项目方案外审时提出装配式建筑建设指标，图审机构审核施工图设计、预制装配式率计算书等技术文件；质监、安监部门对装配式建筑实施全过程监管。

2. 积极培育装配式建筑技术体系。立项资助企业开展课题研究，解决装配式建筑设计、建造中的重点问题，形成全国领先的装配式建筑技术体系，如中南的预制装配整体式剪力墙结构体系（NPC体系）、龙信的预制装配技术体系、剪力墙住宅预制装配技术体系、CIS精装修体系等。

3. 引导装配式建筑产业聚集发展。引导企业进驻原陈桥船舶园区闲置厂房，促进产业聚集发展，建成装配式构件产业园。

4. 落实激励政策，调动积极性。利用市级生态建设资金扶持示范基地、示范项目建设，将符合条件的建筑企业纳入工业和服务业奖励范围；出台成品住宅专项补贴政策，给予房款总额0.5%的购房补贴；对应税销售20亿元以上的建筑业企业给予奖励；装配式建筑构件生产企业在本地设备投资超1000万元的技术改造项目，竣工投产后按设备投资额10%给予补助。

主编或参编的装配式混凝土建筑标准

南通市建筑设计研究院（省级示范基地）　　南通华荣建设集团建材科技有限公司（省级示范基地）

 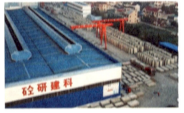

南通装配式建筑与智能结构研究院（省级示范基地）　　南通砼研建筑科技有限公司（省级示范基地）

恒安花园项目（PC体系）

金海美域福邸项目（PC体系）

吾悦华府项目（装配式集成箱体体系）

新城华府项目（钢管束住宅体系）

连云港市

■ **总体情况**

"十三五"期间，连云港市装配式建筑从无到有，建筑产业现代化发展稳步推进。截至2020年底，全市采用装配式技术建设项目达100余项、预制三板项目累计1200多万m^2，创建各类建筑产业现代化示范8个，其中省级示范基地7个，省级示范工程项目1个，全市规模化生产企业12家，装配式墙板产能达200万m^2、叠合板产能达45万m^2。

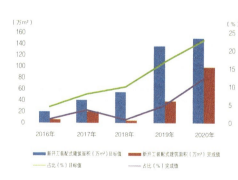
2016—2020年新建装配式建筑任务完成情况

省级建筑产业现代化示范数量

■ 机制建设

连云港市成立推进建筑产业现代化领导小组及专家委员会，建立包括发展改革委、国土规划、住房城乡建设局、财政、税务、环保等多部门参加的联席会议制度，在政策引导、技术支撑、管理服务和后置评估等方面构建了有效工作机制。

相关文件　　　　　　　　　　　　　相关工作机制

■ 亮点做法

1. 顶层设计，政策先行。出台《连云港市人民政府关于加快推进建筑产业现代化的实施意见》等配套政策，完善行政审批、奖励引导、资金补助、产业扶持等措施。

2. 有序推进，示范引领。明确推行区域（市区、各县城城区为重点实施区域，其余为鼓励实施区域）、配建要求及分解任务，充分发挥示范项目与示范基地引领作用，做好试点示范与普及推广工作。

3. 落实监管，严格监测。建立全市建筑产业现代化统计制度，加强企业和项目数据库建设，制定建筑产业现代化发展监测评价指标体系，定期组织监测评价，加强对示范基地的绩效考核和评估评价，确保各项工作顺利实施。

4. 地方特色，多元发展。基于沿海地区预制桩基础的普遍应用，加大各类预制桩和预制装配式基础的研发力度，同时鼓励装配式钢结构、集装箱住宅体系等技术体系发展。

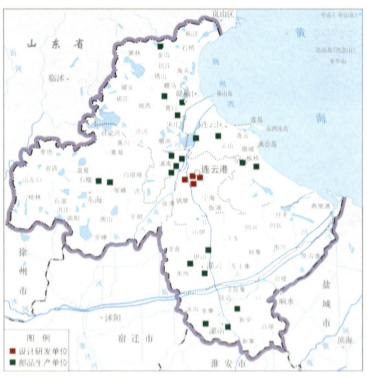

连云港市建筑产业现代化产业基地分布图

生态文旅区黄岗安置小区

盱眙县谢圩社区农房改造

金湖县建源益成办公楼

淮安市

■ **总体情况**

2017—2020年，淮安市累计新开工装配式建筑项目85个，总建筑面积537.3万 ㎡。装配式建筑在新开工建筑中的占比逐年提升，截至2020年已达21%。"十三五"期间，创建各类建筑产业现代化示范12个，其中省级示范基地9个，省级示范工程项目3个。淮安市积极培育省级装配式建筑企业（工程总承包9家、部品部件生产基地11家、施工6家、监理4家），提高当地企业高端市场竞争力。

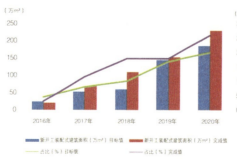
2016—2020年新建装配式建筑任务完成情况

省级建筑产业现代化示范数量

■ **机制建设**

1. 淮安市建立建筑产业现代化推进工作联席会议制度，每年召开联席会议、部署年度重点工作，分解目标任务，并按月跟踪、逐年考核。

2. 先后发布《关于加快推进建筑产业现代化促进建筑产业转型升级的指导意见》《关于加快推进建筑产业现代化的若干政策（试行）》《市政府办公室关于进一步推进装配式建筑发展的通知》《市政府关于促进建筑业改革发展的实施意见》等文件，政府投入、税费优惠、金融服务、用地支持、行政审批、安全保障、示范引导和营造氛围等支持政策系统完善。

3. 国土部门将装配式建筑指标纳入建设用地规划条件与土地出让合同，住房城乡建设部门在施工图审查、建设管理、竣工验收等环节进行严格监控。

相关文件

■ **亮点做法**

1. 注重政策落实、明确目标任务。淮安市政府办公室印发《市政府办公室关于进一步推进装配式建筑发展的通知》，明确全市装配式建筑发展的目标任务、时间表和路线图。

2. 制定考核任务、督促地方落实。以省住房城乡建设厅下达目标为依据进行任务分解，目标完成情况列入各县区跨越式发展考核内容。

人才实训基地开展人才培训

3. 注重人才培育、强化专业技能。依托职业院校、培训机构和实训基地，开展建筑产业现代化知识培训，大力培养建筑产业现代化设计、生产、施工、管理等专业人才。

4. 减少审批环节，提高工作效率。充分利用现有审批管理，将装配式建筑指标纳入相关环节同步审查，提高办理效率。

凡之晟远大生产线　　向县区下达目标任务

盐城市建筑设计研究院有限公司（示范基地）

阜宁县（示范县）

盐城市公投商务楼（示范项目）

盐城市

■ **总体情况**

2018—2020年，盐城市新增装配式建筑470万 m²，新开工装配式建筑在新建建筑中的占比由4%提高至30%。"十三五"期间，创建各类建筑产业现代化示范11个，其中省级示范城市1个，省级示范园区1个，省级示范基地6个，省级示范工程项目3个。

2016—2020年新建装配式建筑任务完成情况

省级建筑产业现代化示范数量

■ **机制建设**

成立盐城市建筑产业现代化推进工作领导小组，相继发布《盐城市人民政府关于加快推进装配式建筑发展的实施意见》《关于进一步推进全市装配式建筑发展的通知》和《盐城市人民政府关于加快推进全市建筑业高质量发展的意见》等文件，全面推进全市装配式建筑发展。

■ **亮点做法**

1. 压实工作任务。根据省住房城乡建设厅年度工作要点与目标任务，制定全市年度工作要点、细化目标任务、明确责任主体。定期召开全市工作会议，逐月上报装配式建筑开工情况，按时序进行督查考核，确保年度目标完成。

2. 加快配套能力建设。全市现有装配式建筑生产企业32家，产品涵盖混凝土构件、木构件和钢构件，建筑产业现代化发展初具规模。

3. 推进项目指标落地。土地招拍阶段，将装配式建筑建设要求纳入用地规划设计条件，图审阶段严控装配式指标落实并逐月通报实施情况。

4. 加强从业人员培训。组织设计、施工、监督管理等单位技术人员学习交流，宣贯、培训装配式建筑评价标准、技术应用、施工规范与业务知识，提高对装配式建筑的认识和理解。

相关文件

阜宁鸟瞰

示范项目

扬州市

■ 总体情况

"十三五"期间，扬州市获评省级建筑产业现代化示范城市及国家级装配式建筑示范城市，新建装配式住宅达 1274 万 m^2、成品房交付达 562 万 m^2。2016—2020 年，装配式建筑在新开工建筑面积中的占比与新开工成品住房的同期占比逐年提升，全市现有装配式建筑相关设计、施工、生产企业 28 家，创建各类建筑产业现代化示范 34 个，其中国家级示范城市 1 个，国家级产业基地 1 个，省级示范城市 2 个，省级示范园区 1 个，省级示范基地 16 个，省级示范工程项目 13 个，具备各类装配式建筑设计能力。对申请容积率奖励的房地产项目，扬州市要求采用 EPC 工程总承包模式，同时推广以 BIM 为核心的信息化集成技术全过程应用。

■ 机制建设

1. 扬州市政府先后制定发布《关于加快推进建筑产业化发展的指导意见》《市政府关于促进和扶持我市建筑业发展的实施意见》《扬州市建筑产业化工程建设管理实施意见》《市政府关于进一步推广装配式建筑的实施意见》等文件，对推广装配式建筑的重点区域、项目类型、目标任务、工作机制、奖励优惠、人才培训、舆论宣传等作出明确规定，营造了良好的政策环境。

2. 健全部门联动机制，不断强化土地供应、项目立项、方案审查、施工许可、施工监督、竣工验收等环节把控，落实推进装配式建筑发展的各项要求。

3. 将推进建筑产业现代化作为贯彻落实中央城市工作会议精神的重要内容，列入监督考核指标体系，定期通报考核结果。

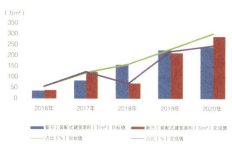

2016—2020 年新建装配式建筑任务完成情况

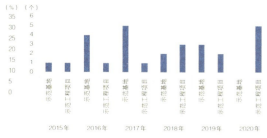

省级建筑产业现代化示范数量

■ **亮点做法**

1. 产业布局结构合理。全市共有装配式建筑相关设计、施工、生产企业28家，省级建筑产业现代化检测单位6家，满足产业发展需要。

2. 设计研发实力雄厚。全市共有建筑设计甲级企业16家，其中省级设计研发类基地3个、市级10个，具备各类装配式建筑设计能力。

3. 部品部件产能适度。全市共有建筑产业现代化相关企业23家，其中装配式建筑部品部件生产企业9家，年产能120万m^3，PC构件生产企业做到县（市、区）全覆盖。

4. 三位一体集聚发展。以华建集团、扬建集团、邗建集团、华江集团等为代表的特级企业，形成集施工、设计、部品生产于一体的产业集团。

5. 配套产业比较完整。可为装配式建筑提供ALC板材、单元式建筑幕墙、标准化门窗等多种配套产品，同时还可生产超高性能装饰混凝土基材、节点连接、防水、保温等关键配套材料，形成较为完整的配套产业链。

6. 强化激励扶持政策。完善相应政策措施，激励品牌、创新较好的建筑企业，同时帮助企业积极争取优惠政策。

7. 强化舆论宣传引导。通过电视、报刊、网络等媒体平台及宣传手册、专家解读等多种形式普及装配式建筑知识，提高社会认知度。

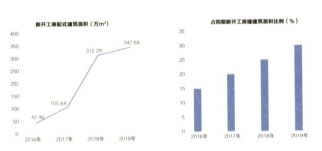

2016—2019年各年新开工装配式建筑面积及占同期新开工房建建筑面积比例

2016—2019年各年新开工成品住房面积及占同期新开工住宅建筑面积比例（注：新开工成品住房累计423.76万m^2）

示范项目

示范项目与示范基地

镇江市

■ 总体情况

"十三五"期间，镇江市建筑产业现代化示范城市顺利通过评估，共计新开工装配式建筑 893 万 m^2，创建各类建筑产业现代化示范 19 个，其中国家级产业基地 2 个，省级示范城市 1 个，省级示范园区 1 个，省级示范基地 9 个，省级示范工程项目 6 个，累计培训相关从业人员 5300 余人次。

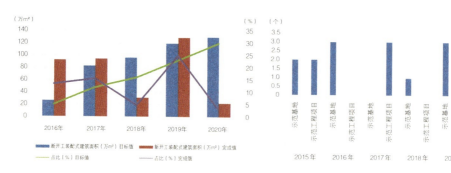

2016—2020 年新建装配式建筑任务完成情况 　　　　省级建筑产业现代化示范数量

■ 机制建设

出台意见　规范资金 (2015)
市政府印发《关于加快推进建筑产业现代化的实施意见》，建立建筑产业现代联席会议制度，市住房城乡建设局成立建筑产业现代化领导小组，明确总体目标，获省建筑产业现代化示范城市专项引导资金5000万元，市财政局出台专项引导资金管理办法。

分解任务　开展评估 (2016)
市住房城乡建设局分解下达建筑产业现代化示范城市建设13项目标任务，出台装配式建筑施工图审查要点、示范项目评估办法等一系列指导文件。通过政府采购确定建筑产业现代化示范城市技术服务支撑单位，开展示范基地、项目评估。

细化意见　建立联动 (2017)
市政府出台《关于推进我市建筑产业现代化发展的实施方案》，发布全市建筑产业现代化"十三五"规划，明确未来四年装配式建筑及成品住房建设控制指标，并将控制指标纳入规划和土地出让条件，全面推广装配式建筑。建立辖市区两级联动机制，丹阳、句容、扬中出台具体实施办法，同步落实装配式建筑。通过政府采购确定建筑产业现代化检测能力提升单位，研究装配式建筑检测方法。

规范各方行为 (2018)
市住房城乡建设局出台《关于加强装配式建筑工程监管工作的通知》《镇江市装配式建筑预制混凝土构件生产技术导则》《关于加强装配式混凝土建筑工程质量检测管理工作的通知》等文件，规范装配式建筑参建各方行为。

通过验收　开展培训 (2019)
通过省级建筑产业现代化示范城市验收，开展装配式建筑构件生产安装人员和检测监理人员业务培训，落实装配式建筑关键节点持证上岗制度。

强化监管　规范设计 (2020)
出台《镇江市建设工程质量监督站装配式建筑监督流程》，规范监督流程。
制定《镇江市装配式混凝土建筑施工图设计文件编制实施细则（暂行）》，规范设计行为。

镇江市建筑产业现代化推广发展历程

■ 亮点做法

1. 建立以分管副市长牵头的联席会议制度；
2. 建立以市住房城乡建设局局长牵头的建筑产业现代化领导小组；
3. 定期召开建筑产业现代化工作例会；
4. 以政府采购形式选择技术服务支撑单位合署办公。

城区鸟瞰与示范项目

泰州市

■ **总体情况**

泰州市建筑产业现代化工作自2017年开始全面推进，2018—2020年全市新开工装配式建筑509.78万㎡，现有装配式建筑生产企业18家（其中PC构件生产企业11家）。"十三五"期间，创建各类建筑产业现代化示范22个，其中省级示范城市1个，省级示范园区1个，省级示范基地12个，省级示范工程项目8个。

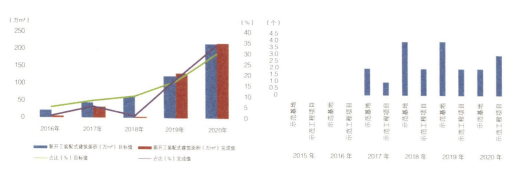

2016—2020年新建装配式建筑任务完成情况　　　省级建筑产业现代化示范数量

■ 机制建设

1. 政策落实。先后发布《泰州市建筑产业现代化"十三五"发展规划》《关于进一步加大建筑产业现代化推进力度的通知》《市政府办公室印发关于促进全市建筑业高质量发展的实施意见的通知》等文件。

2. 奖励措施。2018年成立江苏圭泉中设智慧建筑产业投资基金，为全市建筑产业现代化发展提供资金保障；每年设立1500万元专项基金支持建筑产业现代化发展；荣获省级示范项目的工程给予20元/m²资金补贴，荣获省级建筑产业现代化示范基地给予50万元每基地资金补助。

3. 体系建设。市发展改革委确定年度计划中需要采用建筑产业现代化建造的项目和装配式建筑比例；以土地出让供地的建设项目，由自规局在用地规划条件中明确装配式建筑的建设要求；施工图审查机构核查设计报审表、专项设计说明、计算书等技术文件中专项指标的一致性。

4. 宣传培训。充分发挥市联席会议制度优势，协调解决推进过程中的重大问题及重要事项，加大相关政策文件的宣传力度，积极组织观摩学习、调研走访、宣贯培训与技能竞赛，不断提高建筑产业现代化的社会认知与认同。

■ 亮点做法

1. 提升信息化水平。建立"泰州市绿色建筑专项信息管理平台"，实现绿色建筑、装配式建筑、BIM技术应用等联合审核。

2. 加强部门联动。组织召开建筑产业现代化工作联席会议，出台《关于进一步推进装配式建筑发展若干措施的通知》。

3. 组织专家论证。通过专家论证，提高装配式建筑建设水平。

4. 组织宣贯培训。举办《江苏省装配式建筑综合评定标准》宣贯培训，培养装配式建筑专业技术人才。

5. 示范带动引领。积极培育试点示范项目，指导各市（区）建筑产业现代化示范园区、示范基地和示范项目年度申报。

6. 参加技能竞赛。积极组织参加省住房城乡建设厅举办的装配式建筑技能竞赛，提高专业技术人员的实际操作能力。

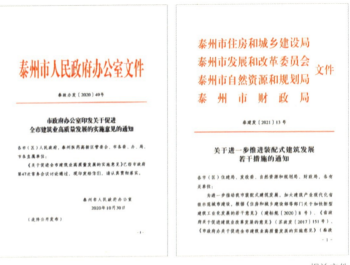

相关文件

泰州市绿色建筑信息管理系统

示范基地与示范项目

宿迁市

■ **总体情况**

"十三五"时期,宿迁市新开工装配式面积由4.19万 m² 增长至83.43万 m²。创建各类建筑产业现代化示范8个,其中国家级产业基地1个,省级示范基地3个,省级示范工程项目4个。目前,全市共有装配式混凝土预制构件生产企业6家(生产线16条,设计产能171万 m³/年,实际产能26.5万 m³/年)与装配式钢结构构件生产企业2家(生产线6条,生产能力11.5万 t/年,应用9.2万 t/年)。

2016—2020年新建装配式建筑任务完成情况

省级建筑产业现代化示范数量

■ **机制建设**

成立建筑产业现代化推进工作领导小组、建立联席会议制度,同时与国土、规划、财政等成员单位对接,在推动装配式建筑落地实施、落实支持政策等方面构建切实可行的工作机制。

■ 亮点做法

1. 发布《市政府关于加快推进装配式建筑发展的实施意见》。

2. 在容积率、预售、公积金贷款、招标投标、税费、评优评奖等方面给予扶持和政策倾斜。

3. 设立装配式建筑发展扶持专项资金。

4. 积极引导装配式建造应用。全市各类国有投资项目采用装配式建造，新建保障性住房、棚户区改造等项目原则采用装配式建造，引导各类园区、特色小镇、美丽乡村示范区、农村住房连片改造建设等项目积极采用装配式建造。

相关文件

城市鸟瞰

江苏省建筑产业现代化发展报告(2020)

03
示范篇
Demonstration Articles

○ 示范园区

○ 示范基地

○ 示范工程

国家级示范建设

发展装配式建筑是建造方式的重大变革，是推动建筑产业转型升级的重要抓手。2014年江苏被住房和城乡建设部确定为"国家建筑产业现代化试点省"，通过建立省市县三级协同推进机制，着力培育骨干企业，开展试点示范建设，强化科技创新和舆论宣传，取得了阶段性成效。截至2020年底，江苏省累计创建国家级示范城市5个，数量占全国10%；国家级产业基地27个（含园区类基地），数量占全国8%。

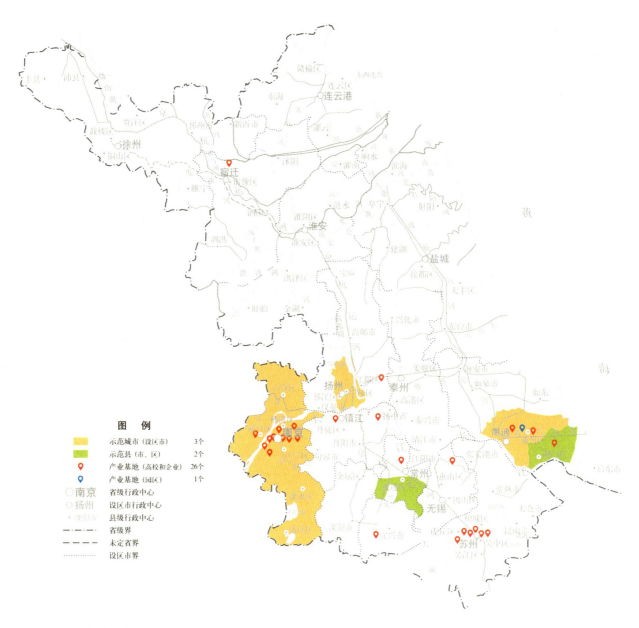

国家级装配式建筑示范分布

第一批国家级装配式建筑示范名录

2017 年国家级装配式建筑示范城市（江苏）

序号	名称	全国数量
1	南京市	
2	海门市	共 30 个
3	常州市武进区	

2017 年国家级装配式建筑产业基地（江苏）

序号	名称	全国数量
1	东南大学	
2	建华建材（江苏）有限公司	
3	江苏东尚住宅工业有限公司	
4	江苏沪宁钢机股份有限公司	
5	江苏华江建设集团有限公司	
6	江苏南通三建集团股份有限公司	
7	江苏元大建筑科技有限公司	
8	江苏中南建筑产业集团有限责任公司	
9	江苏筑森建筑设计有限公司	
10	龙信建设集团有限公司	
11	南京大地建设集团有限责任公司	共 195 个
12	南京工业大学	
13	南京旭建新型建材股份有限公司	
14	南京长江都市建筑设计股份有限公司	
15	启迪设计集团股份有限公司	
16	苏州金螳螂建筑装饰股份有限公司	
17	苏州科逸住宅设备股份有限公司	
18	苏州昆仑绿建木结构科技股份有限公司	
19	威信广厦模块住宅工业有限公司	
20	中衡设计集团股份有限公司	

第二批国家级装配式建筑示范名录

2020 年国家级装配式建筑示范城市（江苏）

序号	名称	全国数量
1	扬州市	
2	南通市	共 18 个

2020 年国家级装配式建筑产业基地（江苏）

序号	类型	名称	全国数量
1	园区	南通现代建筑产业园	共 12 个
2	企业	江苏省建筑科学研究院有限公司	
3	企业	江苏省建筑设计研究院有限公司	
4	企业	南京安居保障房建设发展有限公司	共 121 个
5	企业	江苏龙腾工程设计股份有限公司	
6	企业	南通华新建工集团有限公司	
7	企业	中亿丰建设集团股份有限公司	

省级示范建设

江苏省从 2015 年开始开展建筑产业现代化试点示范工作，通过重点城市、重点区域和重点项目树立示范引领标杆，引导相关产业集聚，以点带面在装配式建筑的关键技术、关键领域取得重点突破，带动全省装配式建筑稳步有序发展。

2015—2020 年省级建筑产业现代化示范类别分布情况

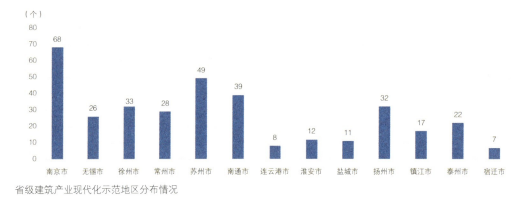

省级建筑产业现代化示范地区分布情况

2015—2018 年间，省财政每年安排资金支持省级建筑产业现代化示范城市、示范基地和示范工程项目的建设，重点支持建筑产业现代化技术和产品的普及应用，取得了阶段性成绩，四年累计支持 6.2 亿元。

2019—2020 年间，根据建筑产业现代化发展趋势增加设置示范园区和专项能力实训类示范基地，加强产业集聚和专业人才队伍培育；继续推动工程项目的集成应用和装配化装修，大力发展钢结构、木结构产业基地建设，引导装配式建筑、绿色建筑、数字建造、成品住房技术的融合联动，推动江苏建筑产业现代化从设计到施工安装全产业链技术的良性发展。

至 2020 年底，江苏省已创建省级建筑产业现代化示范城市 13 个、示范园区 7 个、示范基地 168 个、专项能力实训基地 28 个、示范工程项目 136 个，覆盖全省所有设区市。

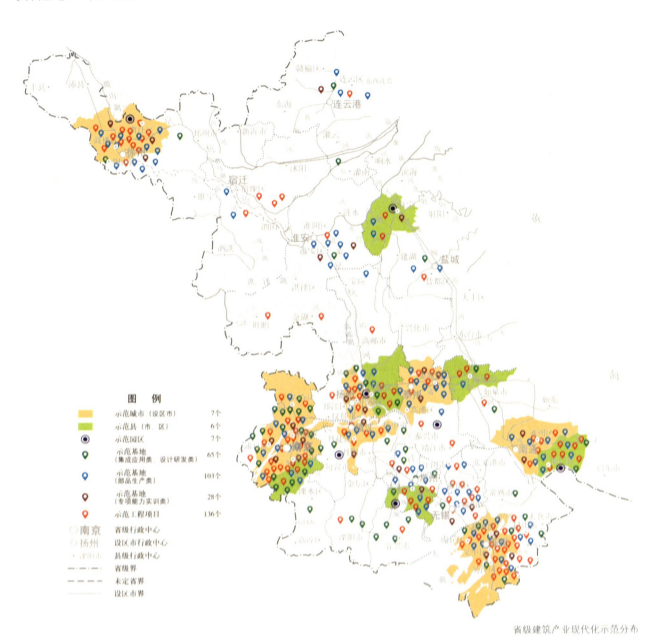

省级建筑产业现代化示范分布

1 示范园区 / Demonstration Park

▶ 发展概况

2015年,江苏省以建筑、结构和设备三个专业为支撑,通过试点示范,由设计、构件生产、施工、运维等阶段全力打造全产业链,推进建筑产业现代化工作。2015—2020年,共评定发布196个建筑产业现代化示范基地,其中设计研发类50个、部品生产类103个、集成应用类15个、专项能力实训类28个。示范基地的评定,有力推动了江苏建筑产业现代化全产业链发展,初步构建起具有江苏特点的装配式建筑产业供应链。通过项目为抓手,典型项目突出体现装配式建筑的技术新成果和综合效益,推动江苏建筑业转型升级,走出一条依靠科技进步和管理创新的发展道路。

▶ 示范园区建设

园区建设

示范篇 | 071

园区建设

园区规划与建设

江苏徐州工业园区装配式产业园

创建时间： 2019 年
创建单位： 徐州工业园区管委会、贾汪区住房和城乡建设局

■ 基本情况

为扶持徐州建筑产业现代化发展，根据《贾汪区加快推进建筑产业现代化、促进建筑产业转型升级的实施意见》，江苏徐州工业园区装配式产业园于 2018 年成立。园区以建筑工业化发展为重点，注重绿色建材研发，基础设施完备，已形成较大规模的建筑产业现代化示范园区。江苏徐州工业园区装配式产业园与国内中东部重要城市联系紧密，同时位于北京、上海 3 小时经济圈与南京、济南、郑州、合肥 1 小时经济圈。按照"产业聚集、特色突出"发展原则，园区正以混凝土供应区、PC 构件区、钢结构区、幕墙项目区、高强度内外墙板项目区、配套部品生产区等规划板块进行建设。2019 年，园区被评为江苏省建筑产业现代化示范园区。

贾汪区出台的政策文件

中建科技 PPEFF 体系技术验证楼通过专家会验收

■ **创建成效**

江苏徐州工业园区装配式产业园突出产业转型升级，树立"科技引领、绿色生态"发展方向，以中建科技和美的联城住工绿色建筑产业项目为基础，形成了建筑科技创新"产、学、研"一体化，实现了产业发展规模和质量实现"双提升"。目前，园区已搭建各类自动化生产线 20 余条，年产能超过 80 万 m^3，获得省级示范基地多个，同时按照设计标准化、生产工业化、现场装配化、全过程管理信息化发展模式，陆续引进江苏弘仁、金陵建工等企业，不断加大人才培养和科研课题研究力度，推动科技创新。

■ **特色亮点**

1. 积极研发高效装配式建筑技术

积极引进央企中建科技，该公司合作研发的快速高效装配式技术体系（PPEFF 体系）已通过技术实验论证，获得 2020 年度华夏建设科学技术奖一等奖。

2. 大力推广装配式建筑示范项目

重视并积极推进示范项目建设，园区内 2017-145 地块、2017-147 地块项目获得省级装配式建筑示范项目（全面采用"预制三板"、全成品房交付、预制装配率高于 50%）称号。

3. 全面推动建筑工业化发展

合理布局产业链上下游企业，建立装配式建筑行业发展联盟，基于中建科技、美的集团等企业既有优势，以数字化、智能化升级为动力，建设绿色生态化、创新智慧化、产业集群化深度融合的"绿色生态型、智慧创新型"产业园区。

江苏弘仁

美的联城住工

园区规划

常州市武进绿建区建筑产业现代化示范园区

创建时间：2019 年
创建单位：常州市武进绿色建筑产业集聚示范区管理委员会

■ 基本情况

2011 年，住房和城乡建设部批复常州武进设立全国首个绿色建筑产业集聚示范区（以下简称"绿建区"）。绿建区以"种好部省合作试验田、争当生态文明领头羊"为目标，坚持做好示范引领和产业集聚发展策略，实现绿建产业由"相加"到"相融"的转型升级，促成全区绿色建筑和建筑产业现代化向更大规模、更高层次、更高水平迈进，并确立全国绿色建筑产业领域"第一"与"唯一"地位。为大力推进建筑产业现代化基地建设、实现产业集聚与产业链完善，绿建区采取了编制装配式建筑全过程管理办法，建立构件供需信息公布制度，构建"两盟一院"（建筑产业现代化联盟、绿色建筑产业联盟和江苏省绿色建筑产业技术研究院），搭建资源共享、互利共赢平台等多项举措。

常州市武进绿色建筑产业集聚示范区
"十四五"时期发展规划

二〇二一年七月

武进区出台的政策文件

江苏省绿色建筑博览园

中科院常州绿色科技产业园

常州砼筑建筑科技有限公司

贝赛尔科技（常州）有限公司

江苏绿和环境科技有限公司

■ 发展目标

深化"一核引领、全区联动"的发展格局，重点打造"三区一中心"（江苏省高品质绿色建筑产业集聚区、长三角建筑科技创新中心、全国绿色建筑运用示范与实践推广先行区、中欧绿色伙伴关系常州样板区），做强集聚示范，引领绿色发展，不断提升园区的品牌影响力和综合竞争力，基本建成国际一流、全国领先的绿色建筑产业创新高地、集聚高地、展示高地。

■ 特色亮点

1. 不断完善管理体系，确保建筑产业现代化健康发展

园区落地项目，优先采用新型结构体系和装配式装修，确保建筑产业现代化指标要求，同时创立"三合一审查"及"全过程监管"机制，并通过整合行政管理、行业管理和技术服务要素，实现"1+1+1>3"叠加效应。

2. 科学布局产业结构，打造建筑产业现代化全产业链集群

合理布局建筑产业现代化全产业链上下游企业，引进国内外知名绿色建筑企业及其核心技术，建成江苏省绿色建筑博览园，建立装配式建筑行业发展信息平台。

3. 创新搭建载体平台，构建建筑产业现代化技术支撑体系

以成立江苏省绿色建筑产业技术研究院为先导，构建"政、产、学、研、用"协同推进机制，健全以企业为主体的协同创新机制，培育和组建一批现代化工程研发中心和技术服务中心，举办国际、国内技术交流与合作推介会。

■ 创建成效

围绕装配式建筑研发、设计、生产、施工等全产业链发展，园区集聚了一批建筑产业现代化骨干企业。截至2020年，绿建区注册企业794家，全年销售、税收分别实现70.20亿元和3.16亿元，同比增长43.5%和9.2%。

龙信集团江苏建筑产业公司

南通现代建筑产业园

创建时间：2018 年
创建单位：南通市海门经济技术开发区管理委员会

■ 基本情况

南通现代建筑产业园设领导小组、管理办公室与管理有限公司等机构。园区领导小组由海门市政府成立，主要领导担任组长、主要机构负责人担任小组成员。园区管理办公室由海门经济技术开发区管委会成立，负责大项目与重点项目引进，重点项目招商、协调，企业发展重点、难点问题解决，提供优质、高效服务等。南通现代建筑产业园管理有限公司就园区产业规划、配套政策、专业配套设施、发展重点、招商等提供决策与建议，同时为产业技术与标准研发、招商引资等提供咨询服务。

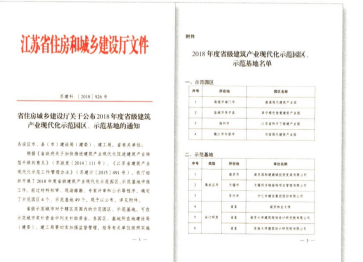

通知文件

海门市智达建筑材料科技有限公司

■ 发展目标

形成以高端装配式建筑、绿色建筑及智能建筑产业链为主导，以战略新兴建筑装备、节能环保、建筑电子为配套，以开放高效物流服务、研发设计、展示交易、教育培训、检测咨询及营销推广体系为支撑的国际现代建筑产业集群。将产业园建设成为集研发设计中心、先进制造中心、高端人才教育培训中心等于一体的国际知名的示范基地。

■ 特色亮点

1. 重点发展装配式建筑产业链。依托南通龙头企业，契合建造绿色化、装配化、工业化、智能化趋势，以提供装配式建筑和优质服务为目标，大力培育和发展以装配式建筑为核心的现代建筑产业链。以园区装配式建筑企业技术体系、产品为基础，推广装配式建筑成套技术应用。

2. 培育发展建筑装备产业。遵循"大项目—产业链—产业集群—产业基地"发展思路，充分发挥南通建筑业基础优势，坚持外部引进结合内部培育策略，围绕PC成套设备（生产设备、搅拌站、构件运输车、重型叉车、重型塔式起重机等）、专业吊装设备、生产线设备、建筑施工机械等领域，抓好重点项目引进与上下游产业链招商，大力培育以"龙头企业辐射带动、中小企业专业化"为特征的产业集群和产业基地。

3. 创新搭建载体平台，构建产学研用合作平台。致力搭建现代科技研发平台及校企"产、学、研、用"合作中心，龙信集团技术中心、南通三建科技孵化板块、中英海绿色建筑产业研究院、中国建科院与清华大学、同济大学、东南大学、日本鹿岛等科研机构已进驻园区。

■ 创建成效

南通现代建筑产业园覆盖建筑产业上、中、下游，中游制造业实力较强，开发区规模以上工业企业共226家，2020年应税销售362.25亿元，入库税金11.53亿元。其中规模以上建材类企业应税销售85.02亿元，入库税金2.8亿元。目前已有龙信集团、南通三建、龙信PC、上海建工等70余家企业入驻（2000万元以上规模）。

上海建工（江苏）钢结构有限公司

泰山石膏（南通）有限公司

阜宁绿色智慧建筑产业园

阜宁绿色智慧建筑产业园

创建时间： 2018 年
创建单位： 阜宁县住房和城乡建设局

■ 基本情况

　　阜宁绿色智慧建筑产业园自 2017 年获规划批复以来，坚持以"集约发展、服务优先""绿色凸显、生态水镇"为发展理念，以"绿色、创新、智慧"平台搭建为产业目标，以"生态、低碳、开放"体验公园打造为环境目标，以"舒适、高效、融合新特色"创新小镇为发展目标，全力打造绿色建筑产业园区。园区以装配式建筑为主体、新型智慧化为引领，以绿色建材与智能家居为主线，充分体现绿色智慧特色主题，规划布局包括物流仓储、绿色生产（装配式建筑生产）与综合服务三大片区，规划产能可覆盖苏北地区，与阜宁经济开发区、阜宁高新区等同为阜宁核心发展经济区。

阜宁县出台的政策文件

恒健科技混凝土和钢结构装配式建筑生产基地

江苏晟功筑工有限公司　　　　　　江苏美鑫源绿色房屋有限公司

■ 发展目标

深化落实"三片布局、一核引领、多点拱卫、一环串联"规划结构，持续推动、引导建筑产业现代化培训基地、科技研发中心及入园新项目建设，努力打造集规划、咨询、研发、设计、生产、施工、运维全产业链全功能的建筑产业现代化园区。

■ 创建成效

园区全面围绕"绿色、低碳、智能、创新"要求，重点招引绿色建材、智慧建筑、整体厨卫等全产业链项目入驻经营，共创建省级"部品生产示范基地"2家，其中江苏晟功筑工有限公司PC构件年生产能力达24万m^3，新增装配式建材全产业链6项部品，产品销售覆盖面广。阜宁县建筑产业现代化培训基地获批省级"专项能力示范基地"与首批"建筑工人职业技能等级认定社会培训评价组织"（中国建筑业协会），已开展高标准建筑业全链条职业能力培训10个班次，为本地区建筑产业现代化人才储备提供坚强支撑。

■ 特色亮点

1. 政策引领，大力推广新型建造

先后出台《阜宁县加快推进建筑产业现代化促进建筑业转型升级的若干意见》《关于促进全县建筑业高质量发展的实施意见》等文件，严格落实市政府下达指标，大力推进装配式建筑、绿色建筑和成品住房联动发展，新建项目全面执行二星级及以上绿色建筑标准。

2. 项目招引，打造绿色建筑产业集群

积极招引钢结构、整体厨卫、装饰装修部品、绿色建材、智能化、建筑装备等项目落户，支持已投产企业经营发展，打造装配式建筑的研发、生产、销售、安装、运维等全产业链服务体系，同时鼓励基础设施和保障性住房项目优先使用园区企业产品，帮助园区企业拓展装配式构件市场。

3. 人才培育，支撑产业转型发展

健全人才培养与管理、激励机制，加大高素质人才引进力度，努力打造既有战略规划能力又有市场开拓能力的企业家队伍。依托现代化实训基地，每年培训企业高管、专业技术人员、产业工人等各类人才2000名以上。

江苏省和天下绿建产业园

江苏省和天下绿建产业园

创建时间：2018年
创建单位：江苏和天下节能科技股份有限公司

■ 基本情况

2018年8月，江苏省和天下绿建产业园成立，11月获批成为江苏省建筑产业现代化示范园区。作为扬州市推进建筑产业化、工业化、现代化的重要基地，园区围绕构建"主体结构、外墙装饰、室内装潢、绿色循环"四大体系，坚持国资、民资、外资项目齐引，着力形成由设计研发、工厂生产、装配施工、信息管理到人才培训、技术输出、金融服务等全生命周期的建筑产业链。

扬州市政府批准成立产业园文件

江苏和天下节能科技股份有限公司

■ 发展目标

园区致力于"代表江苏、立足全国、对标全球",力争在"十四五"期间实现"3331"(园区建设规模3000亩,入园龙头骨干企业30家,开票销售300亿元,入库税收10亿元)目标,通过大力发展建筑工业化,实现数字化、智能化升级,创新、突破核心技术与智力资源进一步整合,积极构建全国知名的绿建产业窗口与扬子江城市群绿色产业园。

■ 特色亮点

1. 机制灵活。园区通过市场化方式,引进江苏省财政厅、江苏省供销社、新华日报资管等社会资本,参与主体多元,以"龙头企业为主线—政府引导—企业主体—市场运作—社会参与"灵活机制创建了企业生产发展结合园区开发的建设模式。

2. 组织健全。自上而下,园区与扬州市、区、镇政府等部门成立园区建设协同小组。自下而上,形成园区管委会引领、"支部＋协会＋联盟＋小组"共建的管理模式。

3. 平台创新。成立建筑科技研究院,与武汉理工大学等知名高校共建绿色建筑协同创新与技术转移中心,创成国家高新技术企业、国家级博士后工作站、江苏省研究生工作站、江苏省工程技术研究中心、江苏省绿色建筑众创空间等研发平台。

■ 创建成效

园区以投资换身份、合作换市场、品牌促发展,每年举办建筑产业发展大会,现集聚江苏和天下节能科技股份有限公司、江苏协和装饰工程有限公司、江苏满堂红建筑装饰工程有限公司、扬州和光新能源科技有限公司等一批优质企业,同时在宿迁、徐州建立相关生产基地。园区2016年获批江苏省建筑产业现代化部品生产示范基地,2019年获批江苏省建筑产业现代化实训基地。

园区生产与办公

下蜀镇临港工业园

句容现代建筑产业园

创建时间：2018年
创建单位：句容市下蜀镇临港工业区管理委员会

■ 基本情况

镇江句容现代建筑产业园发展以临港工业园为基础，临港工业园现有规模以上企业30家，形成以建华、圣象为代表的绿色建材产业，以天工、中圣板带为代表的新型金属材料产业，及以江苏华电为代表的电力能源产业体系。作为江苏省首批先进制造业基地，其中的绿色建材产业基地先后创成省级循环经济标准化试点园区与省级建筑产业现代化示范园区。园区通过企业联盟促进与一体化产业链（原料、生产、研发、配套、运输等）打通，实现了行业资源有效融合、生产效率不断提升、资源成果共享协同。

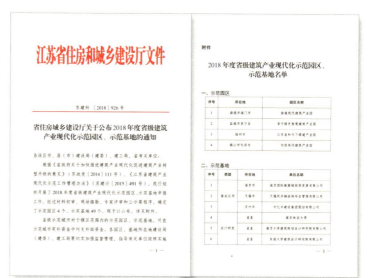

通知文件

园区建设

■ 发展目标

深化"绿色建材"理念，深耕"绿色建材"产业。立足"建材"，形成以装配式建筑产业链、新型建材产业链为基础，以建筑装备产业链、节能环保产业为主导，以开放高效的物流服务体系、研发设计体系、展示交易体系、教育培训体系、检测咨询服务体系、循环经济体系为支撑的现代建筑产业集群和产业体系，将园区建设成为集建筑研发设计中心、先进制造中心和现代物流中心于一体的示范基地。

■ 创建成效

围绕绿色建材产业，园区集聚了建华建材（中国）有限公司、句容毅马五金制品有限公司、镇江北新建材有限公司等一批建筑产业现代化骨干企业，形成预应力混凝土管桩、PC预制系列构件、特种水泥、新型墙体材料、实木复合地板等为代表的绿色新型产业，年销售额60多亿元。伴随现有企业规模扩大与新项目持续进驻，2020年产值达141亿元。

■ 特色亮点

1. 产业集聚度高

通过抓龙头、带配套，大力推动重点企业、重大项目、重要产业向临港工业区"三重集聚"：行业内最为先进环保的央企华电能源、全国最大的管桩生产企业、国家住宅产业化示范基地——建华建材、圣象地板、央企北新建材等企业落户园区。2020年7家企业创成国家高新技术企业（高新技术企业数达13家，占园区工业企业总数的55%），建材产业销售达141亿元，建成全市首个百亿产业集群（2020年全年销售超10亿企业达7家，税收超1000万元以上企业9家）。同年，全镇实现工业应税销售230.27亿元，占句容市总量的37.85%，实现工业税收9.45亿元，占句容市总量的41%。

建华建材（中国）有限公司

2. 产业关联度高

园区具备一定循环经济基础，为镇江市循环经济示范园区。园区从生产环节打造产业链，从副产品、废弃物处置环节打造加工链，在优化企业分工协作机制的同时，构筑了较为完善的产业生态循环链条，提高了综合效益与竞争力。目前，华电发电产生的余热供热管线已基本覆盖工业区，华电的副产品脱硫石膏及粉煤灰已作为北新建材、倍福德、台泥水泥等企业原料供给单位，同时形成以建华为核心，集原料、生产、研发、配套、运输为一体的产业链体系。2019年，园区被认定为江苏省循环经济标准化试点园区。

码头吊装

泰州研砼建筑科技有限公司

虹桥绿色智能装配式建筑产业园

创建时间： 2019 年
创建单位： 泰兴市虹桥工业园区管理委员会

■ **基本情况**

园区以上海电气环保集团绿色建筑、锦宸集团、飞宇门窗、中兴汤臣等重大项目为引领，加快培植绿色智能装配式建筑产业集群，产品涉及 PC 构件、PS 钢结构、模块化建筑、智能家居等领域，目前正在规划建设的绿色建筑产业核心区位于园区临港产业板块。

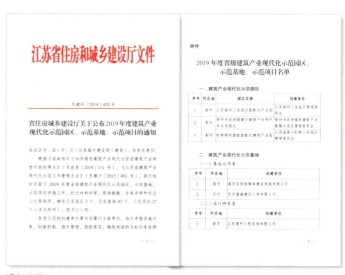

通知文件

上海电气集团与加拿大木业协会相关合作在园区签约

■ 创建成效

园区充分发挥"链主"企业影响力，吸引配套上下游企业入驻，招引绿色智能建筑链上企业6家、总投资13亿元，产业类型由PC构件、PS钢结构生产逐步向智能门窗、高端钢结构、玻璃幕墙等高附加值产品转变，集聚效应与集聚规模持续扩大。产业链要素集聚明显、符合建筑产业现代化发展方向、支撑带动能力强的绿色智能装配式建筑产业园区打造，推动了装配式建筑产业的转型升级与高质量发展。2021年1—7月，园区绿色智能建筑产业实现开票45436万元、税收1487.67万元，特色产业产值占比稳步提升。

■ 特色亮点

1. 区位优越，交通便捷

园区地处长三角地理区域中心，建设中的常泰过江通道穿境而过，交通便捷。产品运输半径可覆盖整个长三角，并辐射华东大部分地区，沿江已建成万吨级码头6座、5000吨级码头3座、年吞吐量3500万吨，同时可为大型PC构件、PS钢结构等产品及大宗生产原料运输集散提供保障。

2. 门类齐全，产业集聚优势明显

园区已集聚泰州研砼、辰信重工、泰润装备、飞宇门窗等14家企业，产品涉及PC构件、PS钢结构、模块化建筑、智能家居等领域。为推动全产业链延伸拓展、不断提升产业层次和内涵、加速打造绿色智能建筑全产业链集群，园区正在着力招引一批玻璃幕墙、异形构件、智能家居、整体厨卫等龙头项目。

3. 创新平台，构建技术支撑体系

园区依托现有绿色智能建筑产业项目，将数字化、网络化、智能等新型信息技术与建筑业深度融合，积极推广使用"智能建造产业系统解决方案"、BIM等高新技术，争创国内领先的绿色智能建造工业化创新基地。

■ 发展目标

全面建成绿色零碳智能建筑产业园及周边基础配套设施，规划建设未来建筑科学城。绿色智能产业由装配式建筑、钢结构建筑延伸至智能家居、EPC施工总承包等方向，智能家居全面引入智能家电、智能门窗、智能安防等门类。全面建成智能建筑产业链，同时依托完整产业体系，吸引培育施工总承包企业，扩大产业规模，创成国家级现代建筑产业示范园区。

辰信重工（江苏）有限公司

江苏泰润物流装备有限公司

2 示范基地 / Demonstration Base

▶ 集成应用类

装配式建筑相比传统现浇建筑，在建造过程中更强调集成应用。工程项目策划、设计、部品构件生产、施工、运维管理等各个环节都需要进行全面组织协调。江苏在建筑产业现代化推进工作中，通过推行工程总承包（EPC）、项目全过程咨询管理，试点示范了一批集成应用企业，推动建立装配式建筑设计、研发、生产、施工、运维相结合的集成应用模式。

集成应用类（按地域）

集成应用类（按类别）

集成应用类（按评定年份）

▶ 集成应用类

南京大地建设集团有限责任公司

基地地点： 南京市鼓楼区
创建时间： 2015 年

南京大地建设集团有限责任公司为建筑施工总承包特级企业，1998 年从国外引进第一条预制构件生产线，在业内率先探索装配式建筑发展。通过多年努力，在总承包、高新技术、产品应用等方面形成一定优势，具备装配式自主深化能力并实行 BIM 协同设计，具有较强的装配式建筑集成应用能力。产品成功应用于 1000 多万平方米各类工程。其中丁家庄 A27 地块保障房项目（应用"竖向钢筋集中约束浆锚连接"体系）荣获鲁班奖。公司成立"预制装配式住宅研发中心"，建立产、学、研、用相结合的技术研发创新团队，引进法国"世构"体系，承担多项国家、省部级科研项目。"十三五"期间，主编行业标准《预制预应力混凝土装配整体式框架结构技术规程》，主编的《预应力混凝土叠合板生产、施工工法》等 14 项工法被批准为省级工法，其中《键槽节点混凝土装配式框架结构生产施工工法》《预制外保温一体化混凝土墙板制作工法》等 3 项工法被批准为国家级工法。

公司总部

 灌浆波纹管
 微重力回灌管
 满堂浆
 全程摄像

施工现场与示范项目

▶ 集成应用类

南京安居保障房建设发展有限公司

基地地点：南京市江宁区
创建时间：2019 年

南京安居保障房建设发展有限公司是南京安居建设集团子公司，主要经营范围包括房地产开发、保障性住房及相关配套项目的开发建设、工程管理服务等。公司作为江苏省内较早开展装配式建筑技术研究与应用的单位，充分发挥企业在保障性住房开发建设中集成应用装配式建筑技术的优势，探索全产业链合作模式，推进装配式建筑高质量发展。公司成立"南京市建筑工业化工程研究中心""安居建合高淳装配式建筑产业基地""江苏省装配化装修产业技术研究院"，开展装配式建筑相关技术集成应用研究；承建四大片区保障房项目，总建筑面积 966 万 m^2，全面应用装配式建筑。公司先后获得鲁班奖 5 项，广厦奖 2 项，詹天佑奖 2 项，全国绿色建筑创新奖 1 项，江苏省绿色建筑创新奖 1 项，全国人居经典规划、建筑双金奖 1 项。近年来主持和参与多项课题，包括：基于 BIM 的建筑工业化全寿命周期工程质量控制研究、装配式建筑工程施工质量安全监督管理研究、保障性住房高品质工业化建造技术研究与应用等；开展装配化装修技术在保障性住房中的集成应用研究、装配式钢结构住宅关键技术研究；参编《江苏省绿色建筑评价标准》《保障性住房户型标准化图集》等。

生产基地

生产车间

示范项目

▶ 集成应用类
苏州柯利达装饰股份有限公司

基地地点：苏州高新区
创建时间：2021 年

　　苏州柯利达装饰股份有限公司拥有幕墙、装饰专项甲级设计资质及专业施工承包壹级资质，与住房和城乡建设部科技与产业化发展中心合作成立装配化装修技术创新中心。公司开展的装配化装修技术研究，以标准化工程反推方案设计，导出设计订单，传输工厂生产，内装部品部件根据项目数字配送，现场通过产业工人依据作业指导书有序拼装。通过 BIM 技术和自建大数据平台实现内装部品部件从研发、设计、施工到运维全过程信息化管理。公司与中海、绿地等开发企业签订 1.88 亿元、1500 套住宅装配化装修合同，自建 6 万多平方米装配化装修智能制造基地。主编江苏省《装配化装修施工质量检测验收规程》，参编《装配化装修技术规程》。

施工现场与样板间

▶ 集成应用类

苏州昆仑绿建木结构科技股份有限公司

基地地点： 苏州市吴中区
创建时间： 2016 年

苏州昆仑绿建木结构科技股份有限公司集现代木结构建筑研发、设计、制造、建设为一体，为低碳节能建筑系统提供整体技术服务。公司在木结构建筑设计一体化、构材和配件标准化、施工机械化和组织管理科学化等方面开展实践，实现了木结构建筑行业大工业化生产。拥有屋架、组合墙体、整体橱柜、整体套装门等多条标准化生产线，以及胶合木深加工机械臂智能制造生产线。累计完成装配式木结构建筑工程 150 多万平方米，涵盖度假区、产业园、体育场馆、民用住宅等，实现了包括设计研发、生产加工、物流配送、安装施工等全产业链建设。公司拥有"江苏省低碳木结构建筑工程技术研究中心"和"江苏省企业技术中心"等研发机构，参与"十二五""十三五"国家重点研发项目 6 项，省住房城乡建设厅科研课题 3 项。拥有专利 59 项，其中发明专利 8 项。参与编制 22 项国家标准、10 项行业标准、6 项省级施工工法。获得江苏省科技进步奖一等奖 1 项，国家优质工程奖 1 项，全国绿色建筑创新奖 1 项。

示范项目

▶ 集成应用类

苏州旭杰建筑科技股份有限公司

基地地点：苏州工业园区
创建时间：2016 年

苏州旭杰建筑科技股份有限公司为从事装配式建筑全产业链服务的总包贰级企业，主要从事装配式建筑设计、预制构件生产安装、装配式墙板生产安装、装配式建筑总承包、装配式建筑施工管理等相关工作。公司先后参建数百个装配式建筑项目，包括苏州市宏丰钛业有限公司新建厂房、中欧校友（苏州）总部大厦项目等。其中苏州文化艺术中心、苏州凯宾斯基大酒店等 11 个项目获得鲁班奖。公司拥有专利 23 项，其中发明专利 2 项，发表学术论文 6 篇。

施工现场与示范项目

▶ 集成应用类

中亿丰建设集团股份有限公司

基地地点：苏州市相城区
创建时间：2018年

中亿丰建设集团股份有限公司是拥有房屋建筑工程和市政公用施工总承包特级资质及市政设计甲级、建筑设计甲级、岩土工程（勘察、设计）甲级的"双特三甲"民营企业，围绕装配式建筑设立建筑产业现代化板块，研究工业化建筑整体解决方案，打造完整产业链。公司以院士工作站、省级企业研究生工作站、省级工程技术中心、博士后工作站和重点实验室为研发平台，通过设立科技研发中心，成立工程研究院，与多所院校、科研单位开展产学研合作，创新研发预应力装配式组合结构、超低能耗装配式外围护系统、装配式集成卫生间等技术。综合运用装配式钢结构、木结构、混凝土和组合结构，成功建造了苏州中心、苏州现代传媒广场、昆山开放大学、第二工人文化宫、长三角国际研发社区等工程项目，获得鲁班奖13项、詹天佑奖2项、国家优质工程奖13项、华夏建设科学技术奖3项。

公司总部与示范项目

▶ 集成应用类

金螳螂精装科技（苏州）有限公司
（苏州金螳螂建筑装饰股份有限公司）

基地地点：苏州工业园区
创建时间：2015 年

金螳螂精装科技（苏州）有限公司是苏州金螳螂建筑装饰股份有限公司子公司，拥有建筑装饰工程设计专项甲级资质、建筑装修装饰工程专业承包壹级资质。公司针对传统建筑装饰装修作业产生的问题，提出"工厂化生产、装配化作业"，实现"标准化设计""工厂化生产""装配化施工""成品化装修""信息化管理"，把离散、无序的现场手工作业改造成集约化、规范化的大生产，依托信息化实现装配式作业。在苏州、成都、北京、深圳、珠海等多地承接装配化装修项目，包括成都中德璞誉、珠海东西汇酒店式公寓等。公司围绕"绿色建筑装配式装修设计""建筑装饰一体化集成设计"等开展系统研究，拥有专利64项，其中发明专利11项。主编、参编国家和地方标准《装配式内装工程管理标准》《装配化装修技术标准》等16项。

公司总部　　　　　　　　　　　　　　　　施工现场与样板间

集成应用类

江苏中南建筑产业集团有限责任公司

基地地点：南通市海门区
创建时间：2015年

江苏中南建筑产业集团有限责任公司拥有房屋建筑工程施工总承包特级资质、建筑设计甲级资质及多项专业工程资质。2007年通过引进澳大利亚技术，并与东南大学等高校开展产学研合作研发"预制装配整体式剪力墙结构（NPC）体系"。采用NPC技术建设的海门中南世纪城96号楼，总高度99.9m，预制装配率达90%。公司在南通、盐城、南京、沈阳、北京等地建设PC预制构件生产基地，拥有发明专利20余项、实用新型专利18项，编制国家级工法1项、省级工法10余项。获得2017年度江苏省科学技术一等奖。主编、参编国家和地方《装配式混凝土建筑技术标准》《装配式混凝土结构技术规程》《装配整体式混凝土剪力墙结构技术规程》《装配式结构工程施工质量验收规程》等多项标准。

公司生产基地

公司研发试验基地

施工现场

公司总部

▶ 集成应用类

龙信建设集团有限公司

基地地点： 南通市海门区
创建时间： 2015年

　　龙信建设集团有限公司通过龙信设计院，以设计研发为龙头，整合预制装配技术、绿色建筑技术、全装修技术、BIM技术以及高性能3A住宅技术等，依托集团房屋建筑工程施工总承包优势，组建龙信建筑产业化基地，开展装配式建筑试点示范。集团6个工程项目荣获国家装配式建筑示范项目，8个工程项目荣获江苏省建筑产业现代化示范项目。公司成立龙信技术中心，以国家住宅性能认定基地、国家住宅产业化基地、国家装配式基地为依托，开展课题研究，主编、参编国家标准3项，地方标准8项；获国家级科技进步奖5项，省级科技进步奖4项；获批国家级工法10项、省级工法63项；拥有发明专利16项，实用新型专利35项。

施工现场　　　　　　　　　　　　　　　　生产车间

公司总部

▶ 设计研发类

设计研发类单位包括科研机构、大专院校、设计单位和检测机构等，是建筑产业现代化产业链中的重要技术支撑，承担了装配式建筑大量技术研发和科技创新工作，起到了建筑产业现代化工作中的先导和引领作用。

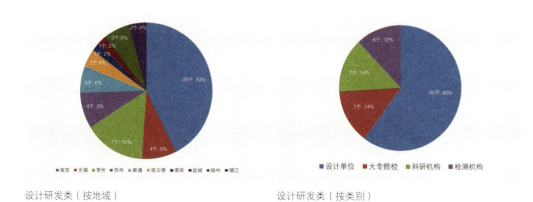

设计研发类（按地域）　　　　　　　　设计研发类（按类别）

设计研发类（按评定年份）

▶ 设计研发类
江苏省工程建设标准站

基地地点：南京市鼓楼区
创建时间：2017 年

江苏省工程建设标准站是省住房城乡建设厅下属事业单位。业务范围是负责宣传贯彻工程建设国家标准和行业标准，研究编制工程建设地方标准，推进工程建设标准化工作。单位建立了包括省内外各领域 1000 多位专家在内的专家库。与东南大学、南京工业大学共建"江苏省研究生工作站"；承担"江苏省建筑产业现代化标准体系研究"等多项重点课题研究，先后获得省部级和市厅级奖项 60 余项，其中，标准科技创新奖一等奖 1 项，华夏建设科学技术奖一等奖 2 项、二等奖 1 项、三等奖 5 项，国家环境保护部科技奖二等奖 1 项；编写出版《装配式建筑技术手册》《装配式建筑丛书》等系列专著；主编《江苏省装配式建筑综合评定标准》等各类标准和导则 30 多项；认定公告 200 多项"预制三板"等装配式建筑类科技成果推广项目。

成果与获奖

▶ 设计研发类

东南大学

基地地点： 南京市江宁区
创建时间： 2015 年

东南大学是国家"985 工程"和"211 工程"重点建设大学之一，依托土木工程、建筑学等领域的学科优势，与省内企业构建协同创新平台，协同开展重大工程技术攻关、人才培养及科普活动；创建建筑工业化产业技术创新战略联盟，建设"东南大学－中核华兴智慧建造联合研发中心""东大－中亿丰融合基础设施联合研发中心"等联合研发中心。东南大学团队开展了一系列技术创新，其首创的集束连接剪力墙技术应用于南京丁家庄二期（获广厦奖、鲁班奖、詹天佑奖）等多个保障房项目；武汉同心花苑幼儿园应用了首个纯干法施工装配式框架体系；无锡地铁四号线南门站采用了装配式干法施工新技术。学校先后承担国家及省部级重点项目 50 余项。获得国家科技进步与技术发明奖 2 项，省部级奖励 8 项。发表核心期刊论文 100 多篇，出版系列专著 10 多部。拥有发明专利 20 项，主、参编各类标准 10 多部，完成重大科研成果转化 20 余项。

展示基地与施工现场

▶ 设计研发类
南京工业大学

基地地点： 南京市浦口区
创建时间： 2015 年

　　南京工业大学是首批入选国家"高等学校创新能力提升计划（2011 计划）"的 14 所高校之一。其下设的现代木结构技术研究中心依托学校"土木工程""材料工程"和"化学工程"等学科优势，专门从事现代木结构科研工作，在木结构材料性能与制造工艺、构件增强与高效连接技术、防火抗震与耐久性提升等方面进行了全面系统研究，并将研究成果运用到项目建设中，包括国内最多层数的高层木结构办公楼、最大跨度的木结构人行桥。其中第十届江苏省园艺博览会主展馆以"绿色低碳、可持续发展"为理念，在木结构体系、构件、节点、防灾等方面实现了集成创新突破。现代木结构技术研究中心主持、参与国家及省部级重点项目 20 多项，发表论文 150 多篇，其中 SCI、EI 收录 60 多篇，获得 100 多项专利授权，其中发明专利 50 多项。主编多项国家、行业标准，其中《木结构通用规范》为全文强制国家标准，参编各类标准 20 余项。获得江苏省科学技术一等奖、华夏科学技术二等奖、全国绿色建筑创新一等奖、江苏省勘察设计一等奖等。

设计研发类
南京长江都市建筑设计股份有限公司

基地地点： 南京市秦淮区
创建时间： 2015 年

南京长江都市建筑设计股份有限公司是以绿色建筑和装配式建筑为核心特色的全过程设计咨询服务企业。在装配式建筑领域内，坚持科技创新与工程应用相结合，充分发挥设计企业技术集成和引领优势，提出和实践了装配式建筑全过程、一体化集成设计方法。累计完成 150 余项装配式建筑设计项目，总建筑面积超过 2500 万 m²。其中南京丁家庄二期 A28 地块保障性住房项目获得全国首批"绿色三星级运营标识"、全国首个住宅类绿色建筑创新奖一等奖。公司参与"十二五""十三五"国家重点研发项目 6 项，30 余项省住房城乡建设厅科研课题。获得 133 项专利授权，其中发明专利 16 项。主编《住宅设计标准》等江苏省工程建设标准 8 项，标准设计 7 项。完成 10 余项省级技术指导文件，出版专著 3 本。

公司总部与示范项目

▶ 设计研发类

江苏省建筑科学研究院有限公司

基地地点：南京市鼓楼区
创建时间：2015 年

江苏省建筑科学研究院有限公司是国家创新型试点企业，国内建设行业规模较大、产业化程度较高的综合性科学研究和技术开发机构，拥有高性能土木工程材料国家重点实验室、江苏省绿色建筑与结构安全重点实验室等 10 多个国家或省部级研发平台，开展装配式建筑、建筑节能与绿色建筑等技术研究工作。研发的高性能灌浆料应用于阜宁县灾后重建、武汉同心花苑迁建小区等重点项目；预制墙板及其保温、防水与装饰一体化技术应用于武进绿建博览园项目；新型竹木建筑材料、装配式建筑用正交胶合木（CLT）制造技术应用于南京河西城市生态公园木屋零碳人居建筑等木结构项目。公司拥有博士后科研工作站，形成了一支包括中国工程院院士、国务院政府特殊津贴专家、国家杰出青年科学基金获得者、江苏省"333"工程培养对象、江苏省有突出贡献中青年专家等高层次人才在内，专业配置齐全、结构组成合理的人才队伍。先后获得国家发明专利 500 余项，各级科技进步奖 40 余项。其中国家技术发明二等奖 2 项，国家科技进步二等奖 6 项，江苏省科技进步一等奖 10 项、二等奖 9 项。

示范项目

▶ 设计研发类

江苏省建筑工程质量检测中心有限公司

基地地点：南京市栖霞区
创建时间：2017 年

江苏省建筑工程质量检测中心有限公司以江苏省建筑科学研究院有限公司为技术支撑，依托高性能土木工程材料国家重点实验室、江苏省建筑结构安全高技术重点实验室、博士后科研工作站、江苏省企业院士工作站等平台，建立了面向装配式混凝土结构、装配式钢结构和装配式木结构等的工业化建筑材料、构配件和部品检测与研发基地。研发了新型一体化组合墙板、装配式叠合构件、单元化模块等工业化部品部件检测技术；拓展了灌浆套筒连接性能、预埋件及连接件性能、预制构件吊装孔性能等检测能力，覆盖包括原材料、预制部品部件的生产、出厂进场、现场安装等各阶段以及完工阶段整体结构的性能检验全过程。中心每年为近百个装配式建筑工程项目提供各类技术咨询与质量检测服务。参与国家"十三五"重点研发课题和子课题各 1 项，住房和城乡建设部课题 1 项，省住房城乡建设厅课题 30 余项。获得 67 项专利授权，其中发明专利 7 项。主编协会标准 2 项，省地方标准 18 项；参编国家标准 9 项，行业协会标准 22 项；出版专著 4 本。先后获得江苏省建设科学技术奖三等奖 4 项，江苏省土木建筑科技奖二等奖 1 项，江苏省土木建筑科技奖三等奖 1 项。

公司总部

示范项目

工程现场检测

▶ 设计研发类
江苏筑森建筑设计有限公司

基地地点：常州市新北区
创建时间：2015 年

江苏筑森建筑设计有限公司是以城市综合体集成化设计和高品质住区精细化设计为核心的全国性综合设计公司。公司以绿色发展为核心，以数字科技为支撑，致力于绿色建筑、装配式建筑、生态城区、海绵城市和绿色建造等领域的技术研究与项目实践。公司在建筑产业现代化领域开展了基于 BIM 技术的装配式建筑全过程一体化设计、技术研究和技术咨询、绿色建筑和绿色建造全过程咨询等。累计完成装配式建筑设计及咨询项目 150 余项，绿色建筑咨询项目 200 余项（其中三星级绿色建筑 9 项）。获得授权专利 108 项，其中发明专利 4 项，主编、参编国家及地方各类标准 9 项，主持或参与省、市级科研课题 8 项。获得住房和城乡建设部科技进步优秀奖 1 项、江苏省建设优秀科技成果奖 2 项、国家级 BIM 设计竞赛奖 9 项、鲁班奖 1 项、国家优质工程银质奖 2 项、詹天佑奖 1 项。

公司总部　　　　　　　　　　　　　　　　公司内景

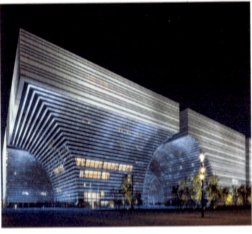 

示范项目

▶ 设计研发类
启迪设计集团股份有限公司

基地地点：苏州工业园区
创建时间：2015 年

启迪设计集团股份有限公司拥有"江苏省（赛德）绿色工程技术研究中心""江苏省智慧园区系统集成工程研究中心"两个省级工程研究中心。公司与东南大学、南京工业大学、上海同济大学等 5 所高校、15 家企事业单位联合组建"新型建筑工业化协同创新中心"，协同开展相关技术创新研究。公司坚持科技先导，将科研成果转化为生产力，成立 BIM 设计研究中心、复杂结构研究中心、工业化建筑设计研发中心等多个专项技术中心。拥有专利 179 项，软件著作权 72 项，立项科研课题 73 项。参编 2 项国家标准、5 项省地方标准。

公司总部

示范项目

▶ 设计研发类
中衡设计集团股份有限公司

基地地点：苏州工业园区
创建时间：2015 年

中衡设计集团股份有限公司创建了全产业链完备的建筑产业现代化专业部门，制定了以设计为龙头的工程总承包涵盖装配式建筑设计、BIM 技术应用等多领域协同发展技术路线。公司依托下属"江苏省生态建筑与复杂结构工程技术研究中心"在新型体系研发、标准编制、一体化集成设计和重大项目产业化推广等多领域取得显著成果。开展《保障性住房预制装配钢结构体系调研》《钢结构住宅新结构体系研究》等新型装配式结构体系课题研究。参加《江苏省装配式建筑综合评定标准》《多高层木结构建筑技术标准》《装配式异形束柱钢结构住宅技术标准》等标准编制。在多项重大工程建设中积极推广应用装配式建筑技术，获得詹天佑奖、华夏建设科学技术奖一等奖、江苏省科学技术进步奖等多项重要奖项。

公司总部

示范项目

▶ 部品生产类

预制构件生产是装配式建筑中的重要一环,预制构件是在工厂中完成构件生产后,再运输到施工现场进行安装,因此,预制构件的生产质量直接影响装配式建筑的工程质量。预制构件包括混凝土梁、板、柱、楼梯、墙等结构件,也包括蒸压陶粒墙板、ALC板等轻质围护墙板,门窗、幕墙、整体式卫浴、整体式厨房等装饰部品。

部品生产类(按地域)

部品生产类(按类别)

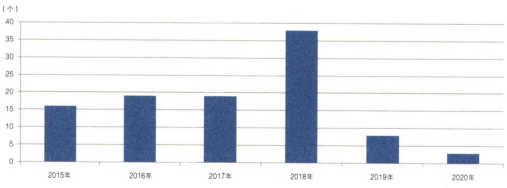

部品生产类(按评定年份)

▶ 部品生产类

南京旭建新型建材股份有限公司

基地地点： 南京市雨花台区
创建时间： 2015 年

南京旭建新型建材股份有限公司为专业从事蒸压轻质加气混凝土制品（NALC 板/块）生产研发的企业，拥有 2 条 NALC 板材生产线和 1 条 NALC 板钢结构单元房生产线，累计应用 NALC 板材 1000 万 m²，28 个单元房。公司研发的装配式 NALC 叠合楼板体系，通过了省住房城乡建设厅组织的专家论证，在 10 万 m² 装配式建筑中成功应用，解决了预制 PC 楼板施工难度大、周期长、支撑模板多、质量精度差等难题，实现了楼板保温隔声承载一体化。公司获得授权专利 30 项，其中发明专利 5 项。主编、参编国家标准 3 项，其他各类标准 10 项。

公司生产基地　　示范应用项目

生产车间

▶ 部品生产类
南京市嘉翼建筑有限公司

基地地点：南京市六合区
创建时间：2018年

南京市嘉翼建筑有限公司专业从事高端智能建筑机械科技研发，主要包括建筑精密自动机械、3D打印技术、打印材料、打印设备研发与制造。公司以建筑3D打印技术和建筑领域机器人应用技术为突破点，从规划设计、装备研发到材料研发、部品部件生产、施工安装等环节开展建筑产业智能化研究。研发多款建筑专项应用机器人，应用于建筑构件3D打印和表面喷涂、抹平，建筑材料搬运码放等工作。从桌面3D打印机到大型建筑3D打印机、3D打印部品部件生产线已形成系列。公司生产的3D打印建筑部品部件广泛应用于城市功能设施、小型建筑物、市政环保项目、景观提升、河道整治等领域。公司参编中国混凝土与水泥制品协会（CCPA）《3D打印混凝土基本力学性能试验方法》、《3D打印混凝土拌合物性能试验方法》和中国工程建设标准化协会（CECS）《3D打印混凝土收缩测试方法》等团体标准。

公司总部　　　　　　生产基地　　　　　　示范项目

示范项目

▶ 部品生产类

江苏沪宁钢机股份有限公司

基地地点：宜兴市张渚镇
创建时间：2016年

　　江苏沪宁钢机股份有限公司是钢结构施工总承包特级企业，专业从事装配式钢结构体系生产研发。公司与杭州市城建设计研究院联合研发装配式钢结构建筑体系——"箱形钢板剪力墙结构体系"，室内做到不露梁、不露柱。公司完成"装配式钢结构建筑配套部品部件全装配施工技术"研究，形成一整套成熟施工应用技术，并应用于江苏沪宁装配式建筑工程有限公司研发大楼主体建筑、宜兴经济开发区展示中心和宜兴文教创业中心（临溪点）两个EPC总承包项目建设。公司改造建筑钢结构构件生产线4条，年产能达40万t；承建项目14项，总用钢量25万t，累计为210万㎡装配式建筑提供相关预制部品构件。公司申报专利114项，主编标准2项，参编2项。

施工现场与示范项目

▶ 部品生产类

上海电气研砼（徐州）重工科技有限公司

基地地点：徐州经济技术开发区
创建时间：2018 年

上海电气研砼（徐州）重工科技有限公司由上海电气集团股份有限公司、上海研砼冶筑建筑科技有限公司和源昊住工机械有限公司联合成立。生产研发基地位于国家级经济技术开发区——江苏徐州经济技术开发区，主要从事预制构件自动化生产线研发，具备年产200条PC预制构件自动化生产线能力。公司累计参与设计、制造、安装100多条PC预制构件自动化生产线，独立研制开发的UHPC桥面板预制设备自动化程度高、控制流程合理、设备界面人性化、数字化，攻克了多项技术难题，已应用于南京五桥项目中。预应力混凝土构件强度高、承载力大、抗震性强、阻燃及隔声效果好、耗材少，在欧美国家应用广泛，为公司的主要产品方向。

生产车间

▶ 部品生产类
徐州工润建筑科技有限公司

基地地点：徐州经济技术开发区
创建时间：2017年

徐州工润建筑科技有限公司以打造绿色建筑、智慧建筑为目标，专注发展装配式建筑产业，业务涵盖装配式建筑科研、设计、生产、施工、EPC工程总承包等。拥有PC预制构件自动化生产线、自动化钢筋加工生产线、固定模台生产线、楼梯生产线，拥有自主研发的双主机混凝土搅拌站和设施齐全的试验室。公司承接的徐工重型科技大楼、徐工重卡技术中心、徐州市轨道交通1号线文化宫站综合配套工程等采用EPC模式的项目上广泛应用了装配式建筑技术。公司为100余个项目提供装配式建筑设计服务，面积超过2500万㎡。参与"十二五""十三五"国家重点科技项目6项，省住房城乡建设厅科研课题30余项。获得133项专利授权，其中发明专利16项。主编、参编国家和地方各类标准、图集、规范近30项，完成10余项省级技术指导文件，出版专著3本。获得江苏省科技进步奖一等奖1项、华夏科学技术奖4项（一等奖2项，三等奖2项）、国家标准科技创新奖一等奖2项、詹天佑奖5项、全国绿色建筑创新奖2项和江苏省绿色建筑创新奖5项。

公司总部

成品构件堆场

原材料堆场

生产车间

部品生产类
江苏克拉赛克绿色建筑产业发展有限公司
（常州克拉赛克门窗有限公司）

基地地点：江苏武进经济开发区
创建时间：2016 年

江苏克拉赛克绿色建筑产业发展有限公司致力于绿色低碳建筑、节能门窗技术研究。拥有多条自动化生产线，实现了从玻璃清洗到涂胶、封装的一体化全自动生产。产品包括穹顶遮阳系统、内置百叶中空玻璃、德国必凯威系统窗、铝合金遮阳一体化系统窗、铝合金高效节能系统门窗和高气密推拉窗等。公司内置百叶中空玻璃年产能 20 万 m^2，门窗产能 10 万 m^2，工程项目遍及江浙沪地区。其中常州新城帝景项目获"三星级绿色建筑"评价标识、"中国百年住宅示范项目"。在国家"碳达峰""碳中和"战略引领下，公司新研发建筑遮阳一体化系统外窗热传导系数降至 1.6 以下，可应用于低能耗建筑。公司获得实用新型专利 5 项，外观专利 2 项。先后参与《标准化窗》《建筑遮阳一体化窗》《标准化外窗系统及遮阳一体化外窗施工技术规程》《装配式建筑用门窗技术规程》等多项标准规程编制。

生产车间与产品展示

▶ 部品生产类
常州砼筑建筑科技有限公司

基地地点：常州市武进区
创建时间：2017 年

常州砼筑建筑科技有限公司是从事建筑工业化全产业链服务的高新技术企业，现有全自动 PC 预制构件生产线 2 条，年产能 10 万 m^3。公司从深化设计、PC 构件生产、物流运输管理、专项施工、运维管理、技术培训、智砼云链装配式建筑产业互联网平台等方面，创建了建筑工业化全生态服务系统，形成了集绿色、环保、智能、互联于一体的建筑工业化技术集成和系统解决方案。目前共完成商品房、保障房、厂房和市政工程等装配式建筑项目 450 多个，总面积接近 1500 万 m^2。

公司总部

示范项目

生产车间

生产车间

成品构件堆场

▶ 部品生产类

苏州科逸住宅设备股份有限公司

基地地点：苏州工业园区
创建时间：2015 年

苏州科逸住宅设备股份有限公司是以整体浴室、集成厨房等内装部品生产制造为核心的高新技术企业，覆盖了装配式建筑内装部品研发、设计、生产制造、安装服务全产业链。公司以集成卫浴模块化、标准化、系列化及其制造技术工业化研究为出发点，通过优化组合产品系列、标准化改进制造工艺、升级生产设备和提升信息化水平、研究配套干法施工工艺，提高了工业化内装部品构配件的设计、制造、施工安装技术水平。在北京奥运村玲珑塔、北京大兴国际机场、雄安新区等重点工程中得到广泛应用。2020 年疫情期间，为包括武汉"火神山"医院在内的全国各地"小汤山"医院提供了数千套集成卫浴产品。公司组建"科逸建筑技术研究（苏州）有限公司"，拥有一支专业实力过硬、分工合理的研发团队，承担了 2 项"十三五"国家重点科技研发计划项目和多项省、市级科研课题。拥有专利 104 件，其中发明专利 40 件，实用新型 34 件，参与 10 余项国家及行业标准的编制。

生产车间

▶ 部品生产类

阿博建材(昆山)有限公司

基地地点: 昆山市锦溪镇
创建时间: 2016年

阿博建材(昆山)有限公司以绿色建筑和装配式建筑为核心特色,致力于新型装配式技术研发及产业化,形成了从设备研发制造、建材生产到工程应用的产业链体系。通过与同济大学、济南大学、南京工业大学等高校深度合作,成立了"同济—生态屋住工高能效结构新技术中心"。为新疆吐鲁番亚尔镇村民安置房、张家港金江南商业广场、江苏省射阳县兴桥镇安东村康居房、中建科技(上海)有限公司等100余项工程提供装配式建筑设计和配套产品。获得150多项专利,其中发明专利40多项。

公司总部与生产基地

生产车间

▶ 部品生产类
江苏万年达杭萧钢构有限公司

基地地点：江苏灌南经济开发区
创建时间：2017 年

江苏万年达杭萧钢构有限公司是研发生产装配式钢结构体系和产品的高新技术企业。公司依托浙江杭萧钢构股份有限公司，积极开展校企合作，建立了能够提供从装配式建筑方案策划、预制构件产品设计、设计详图深化、信息化模拟施工、构件生产加工到现场安装全过程一体化服务的专业设计和技术研发团队。公司钢构件年产能 5 万余吨，可供应 70 万 m² 建筑项目。承建的新城华府住宅项目（采用钢管束混凝土组合结构体系）获绿色建筑二星级设计标识。申请专利 22 件，其中发明专利 4 件，计算机软件著作权登记 2 件。

 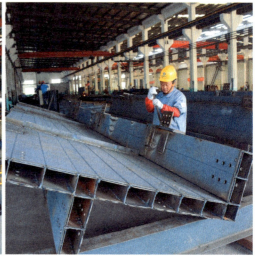

生产车间

示范项目

▶ 部品生产类

江苏天工建筑科技集团有限公司
（江苏天工建筑科技有限公司）

基地地点：淮安市金湖县
创建时间：2017年

江苏天工建筑科技集团有限公司专业从事装配式建筑部品部件研发设计、模具开发制造、部品生产安装以及相关技术服务。通过与南京工业大学共同组建研发中心，为企业提供全方位技术支持。组织开展10多项技术攻关，获得多项发明专利和实用新型专利授权。公司生产30种以上产品，应用范围涉及房建、电力、市政等领域。建成全自动叠合板生产线、固定模台生产线各2条，设计产能15万 m^3。先后承担金湖县自来水调度中心大楼，淮安老坝口小学、幼儿园，扬州"万科金梦佳苑"，江苏健康职业技术学院等项目PC预制构件生产供应。

公司总部

生产车间

生产车间

▶ 部品生产类

江苏华江祥瑞现代建筑发展有限公司

基地地点：江苏江都经济开发区
创建时间：2015 年

江苏华江祥瑞现代建筑发展有限公司为 PC 预制构件生产企业，预制构件年产能达 10 万 m^3。从项目策划、标准化设计、模具制造、部品生产、装配施工、信息化管理等环节构建了装配式建筑发展产业链，已形成可推广、可复制的混凝土预制构件工厂建设模式。通过与高校产学研合作，共同组建研发平台，开展装配式混凝土结构创新与应用、预应力技术在预制构件环形生产线上应用、新型装配式轻质保温混凝土墙板关键技术等多项省市重点科技计划项目研究，持续推进公司科技进步和技术创新工作。获专利授权 33 项，省科技进步一等奖 1 项，市科技进步一等奖 1 项，参编省级以上标准 5 项。

公司生产基地

成品构件堆场

生产车间

成品构件

▶ 部品生产类

江苏建华新型墙材有限公司

基地地点：句容市下蜀镇
创建时间：2015 年

　　江苏建华新型墙材有限公司是建华集团旗下集研发、设计、生产为一体的专业化新型墙材企业。依托"江苏省管桩工程技术研发中心""江苏省企业技术中心"2 个创新平台开展建筑产业现代化全产业链研究工作。建有 2 条蒸压陶粒轻质混凝土空心条板生产线、3 条 PC 预制构件生产线。蒸压陶粒轻质混凝土空心条板设计产能 160 万 m^2，PC 预制构件设计产能 6 万 m^3。公司产品除住宅类预制构件外，还包括市政类、水利类、电力类和轨交类等其他行业领域预制构件，获得授权发明专利 7 项、实用新型专利 8 项。

公司生产基地

施工现场

生产车间

▶ 部品生产类
江苏中江装配式建筑科技股份有限公司

基地地点：泰州医药高新区
创建时间：2019 年

  江苏中江装配式建筑科技股份有限公司是综合性装配式建筑企业，业务范围涵盖装配式建筑部品部件研发、设计、生产、运输、安装等方面，拥有装配式建筑方案策划、新型预制构件研发、预制构件设计深化、生产工艺设计等全套技术能力。公司生产装配式混凝土建筑全品类预制构件，形成年产 15 万 m^3 叠合板和楼梯板预制构件、10 万 m^3 外墙、梁柱及其他异形构件、100 万 m^2 蒸压陶粒轻质混凝土空心条板、80 万 m^3 商品混凝土的生产能力。项目覆盖上海、南京、泰州、常州、无锡、苏州和南通等。公司拥有新型实用专利 17 项，待授权发明专利 6 项，待授权新型实用专利 8 项。

生产车间

▶ 部品生产类

江苏元大建筑科技有限公司

基地地点： 江苏宿城经济开发区
创建时间： 2015 年

江苏元大建筑科技有限公司主要从事装配式建筑预制部品部件研发、生产和销售，具备年产双面叠合墙板、叠合楼板、内外墙板、楼梯、阳台、空调板等 PC 系列产品 10 万 m^3、钢筋桁架楼承板 120 万 m^2 的生产能力。产品主要应用于建筑、水利、城市基础设施等领域，已在 100 余个项目中应用。2020 年新增蒸压陶粒轻质混凝土空心条板生产线和新型自动化 PC 构件生产线，2021 年建成后增加年产能 5 万 m^3。2014 年，公司主编完成《预制混凝土双板叠合墙体系施工及质量验收规程》企业标准；2015 年参编图集《预制混凝土剪力墙外墙板》；研发并授权《立体可扩展双向柔性 PC 构件生产线》《一种用于生产 PC 构件的双向四出口混凝土搅拌站》等 25 项新型专利。

生产车间　　　　施工现场

生产车间

人才实训类

在试点示范推进过程中,由于行业内交流培训力度不断加大,形成了一批具备设计、生产、施工全产业链的人才队伍。但是总体来说,人才短缺仍然是制约装配式建筑快速发展的最大瓶颈。为了加快装配式建筑人才队伍建设和人员培养,建立起科学完善的教育培训体系,解决装配式建筑人才队伍不合理等问题,江苏省2019年专门组织开展了装配式建筑专项能力实训试点示范工作,培育专项能力实训基地28家。

2020年,我省率先将装配式建筑职业技能培训单位和职业技能等级认定机构纳入省相关目录。

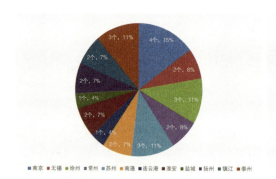

专项能力实训类(按地域)

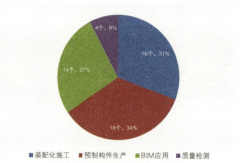

专项能力实训类(按类别)

▶ 人才实训类
江苏城乡建设职业学院

基地地点： 常州市钟楼区
创建时间： 2019 年

　　江苏城乡建设职业学院是省属专科层次全日制普通高等学校、全国首批"1+X"证书制度试点院校、国家和江苏省建设行业技能型紧缺人才培养培训基地、全国第一批住房和城乡建设行业职业技能鉴定试点单位及国家高技能人才培育突出贡献单位。学校被授予世界技能大赛中国集训基地、全国职业技能大赛江苏集训基地、江苏省职业院校技能大赛先进单位、全国职业院校技能大赛突出贡献奖等多项荣誉。学校以培养装配式建筑技术人才为主要目标，以产教深度融合实训平台为载体，2015 年起承担了江苏建筑产业现代化人才培训工作，共培训各类建筑产业现代化人才 5000 多人。通过联合江苏苏中建设集团股份有限公司等多家企业，开展"一对一定制式"装配式建筑人才培训，已培训企业员工 200 多名。

教学、培训现场

基地实景

▶ 人才实训类
阜宁智慧建筑产业园投资发展有限公司

基地地点： 阜宁县新沟镇
创建时间： 2019 年

阜宁智慧建筑产业园投资发展有限公司为阜宁县建设投资有限公司子公司。公司与江苏晟功筑工合作成立阜宁县建筑产业现代化培训中心，开展建筑产业现代化专业技术人员和工人的培训。培训基地位于江苏晟功筑工，建有 1500m² 培训教学楼和 3000m² 实训专用车间，针对 BIM、装配式构件生产、吊装和灌浆等工种开展了多批次培训。2021 年基地获批中国建筑业协会首批"建筑工人职业技能等级认定社会培训评价组织"。

教学、培训现场

▶ 装配式建筑检测机构

2017年和2018年,省住房城乡建设厅组织评定了共126家装配式建筑检测机构,其中2017年37家,2018年89家。

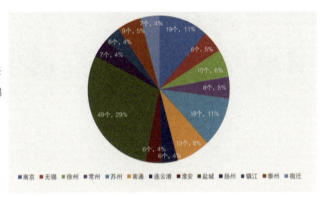

装配式建筑检测机构分布

▶ 装配式建筑施工、监理企业

全省组织评定了两批共251个装配式建筑施工和监理企业,其中2020年经复审认定的首批施工企业53个,监理企业83个;2018年,认定第二批施工企业49个,监理企业66个。

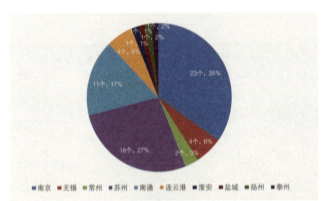

装配式建筑施工企业分布(首批)

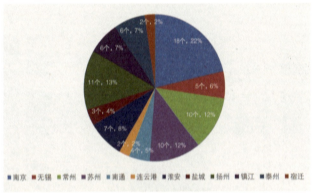

装配式建筑监理企业分布(首批)

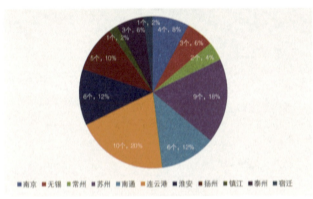

装配式建筑施工企业分布(第二批)

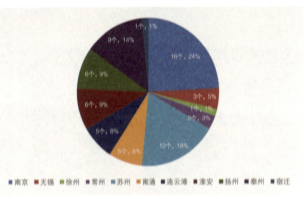

装配式建筑监理企业分布(第二批)

装配式建筑检测机构
南京方园建设工程材料检测中心

南京方园建设工程材料检测中心主要承担南京市江宁区建设工程材料及工程实体质量检测和鉴定工作。现有专业技术人员127名，其中高级以上技术人员10名，中级职称技术人员46名。已取得钢筋套筒用灌浆料、钢筋套筒灌浆连接件、预制构件结合面粗糙度、套筒灌浆饱满度预埋钢丝拉拔法检测、浆锚搭接灌浆饱满度冲击回波法检测等装配式建筑相关检测项目资质。参编国家标准《工程检测移动实验室通用技术规范》和江苏省标准《建筑工程质量鉴定标准》。申请"一种灌浆套筒高精度剖切装置""基于红外线成像原理实现装配式混凝土灌浆套筒钢筋锚固长度检测的方法"两项专利。2018年至今中心目前共完成装配式建筑预制构件性能检测900组，构件结构性能检测227组，隔声现场检测570组，幕墙检测10组，套筒灌浆饱满度检测912组等检测项目。

公司总部

现场检测

▶ 装配式建筑检测机构
南通市建筑工程质量检测中心

南通市建筑工程质量检测中心隶属于南通市住房和城乡建设局，是南通市唯一的建筑工程质量仲裁检测和司法鉴定机构。根据国家和省相关政策要求，较早启动了建筑产业现代化检测工作，积极拓展装配式建筑检测能力，取得叠合板结合面粗糙度、套筒内钢筋锚固长度、套筒内灌浆饱满度、灌浆料实体强度、预埋连接件锚固抗拔力等25个装配式建筑相关性能参数的检测能力资质。成立装配式建筑检测工作领导小组，积极探索产学融合。承担时光漫城、都会星宸、春风南岸、绿地新里程等42个装配式建筑工程检测工作，总建筑面积695万 m²。检测项目涉及灌浆料、灌浆套筒、实体检测、地基基础及主体结构等。

检测项目与现场检测

▶ 装配式建筑施工企业
江苏扬建集团有限公司

江苏扬建集团有限公司具有房建施工总承包特级资质，总承包领域涵盖完整的建筑业产业链。旗下江苏华晟新型建筑科技有限公司为扬州市建筑产业现代化示范基地（集成应用类）。公司围绕装配式建筑施工技术组织开展示范基地建设，先后在周山河小学施工总承包项目中应用装配式混凝土建筑施工技术；扬州花海游客集散中心工程中应用装配式钢结构体系；扬州泰州国际机场应用单元式构件幕墙技术。依托公司"江苏省地下空间结构工程技术研究中心"研发平台，开展装配式建筑技术体系和建造工法研究。开展多项课题研究，其中省级以上5项；授权专利27项，其中发明专利5项；主、参编省、市级工法80余项，标准4项。获住房和城乡建设部绿色建筑示范工程1项，绿色施工示范工程9项，鲁班奖9项，国家优质工程奖10项，詹天佑金奖4项，中国建筑工程装饰奖26项，中国安装之星奖9项，钢结构金奖5项，江苏省科技进步奖三等奖1项，江苏省科技创新成果三等奖2项，中建协工程施工技术创新成果三等奖1项，江苏省土木学会科技奖2项。

公司总部

公司生产基地

▶ 装配式建筑监理企业
无锡建设监理咨询有限公司

　　无锡建设监理咨询有限公司具有房屋建筑工程、市政公用工程、机电安装工程、电力工程、化工石油工程等监理甲级资质。主要从事工程造价咨询、建设工程监理、消防技术、工程管理、招标投标代理服务等。拥有各类专业技术人员 200 多人，具有国家注册监理工程师执业资格证书和其他注册执业资格证书达 90 多人次，中高级技术人员占 60%，大专以上学历人员占 95%。近年来完成无锡市公安局、无锡地铁控制中心、无锡太湖国际博览中心、无锡市第二人民医院、鸿运苑装配式住宅小区等 100 多项工程监理。荣获鲁班奖 1 项、国家优质工程奖 2 项、中国建筑工程装饰奖 1 项、中国安装优质工程奖 1 项以及省优质工程奖、省示范项目、省标准化项目 20 多项。

监理项目

3 示范工程 / Demonstration Project

▶ 装配式建筑

装配式混凝土结构

丁家庄二期（含柳塘片区）保障性住房项目 A27 地块

建设地点： 南京市栖霞区
建筑面积： 77300m²
预制装配率： 67%
建设单位： 南京安居保障房建设发展有限公司
设计单位： 南京长江都市建筑设计股份有限公司
施工单位： 中国建筑第二工程局有限公司（沪）
创建时间： 2017 年

■ **项目概况**

丁家庄二期（含柳塘片区）保障性住房项目A27地块深度融合绿色、装配式、精益建造和信息化技术，标准化构件比例大于60%，建立了保障房建筑产业现代化"可复制、可推广、低成本、高效益"的整体技术体系。项目通过技术创新，先后获授权国家发明专利4项、实用新型专利7项，获批江苏省省级工法1项。

商住融合的开放式社区

■ 装配式技术运用

项目以高品质设计、高质量建造为目标，贯彻新时期国家"低碳""绿色""宜居"理念，在设计和建设中体现以人民为中心的发展思想，以科技创新促进设计品质和工程质量提升，在高品质宜居规划设计、高品质绿色建筑设计、高质量绿色建造、全过程数字化信息化技术应用4个方面开展创新技术研究，形成4大类21项集成创新技术，形成了具有江苏特色并引领国内的成套应用技术。

■ 示范效应

丁家庄二期保障性住房工程为第17届中日韩居住问题国际论坛中国参观项目，截至目前承接行业内各类观摩活动数十次。该项目的相关技术成果已推广应用于12项保障性住房工程，总建筑面积约180万 m²，引领江苏省保障性住房品质提升，取得了显著经济、社会和环境效益，具有广阔应用前景。

预制夹心保温外墙安装

集装饰保温一体化的预制复合夹心保温外墙

居民生活休闲广场

装配式集成式厨房

装配式混凝土结构
江宁区委党校开发区校区

建设地点：南京市江宁区
建筑面积：62508m²
预制装配率：41%~54%
建设单位：南京吉山国有资产运营有限公司
设计单位：江苏省建筑设计研究院股份有限公司
施工单位：南京海晟建设集团有限公司
创建时间：2021 年

■ 项目概况

江宁区委党校开发区校区为教学及配套附属设施工程项目。主体由 2 栋多层综合楼组成，其中 1-1#、1-2#、2# 楼采用装配整体式框架结构，1-3#、1-4#、2# 楼大空间屋面和连廊采用钢结构。1-1#、1-3#、2# 楼预制装配率 40% 以上，1-2#、1-4# 单体预制装配率 50% 以上。

项目全景

■ **装配式技术运用**

1. 标准化设计

在保证使用功能前提下,对各功能区尺寸进行归并整合,减少构件种类。学生宿舍及公寓部分各采用2种户型平面,统一入户门和外窗种类,便于工业化生产及后期施工安装。

2. 预制装配式技术

项目主体结构采用预制叠合梁、预制叠合楼板、预制楼梯。内隔墙采用蒸压轻质加气混凝土墙板,同时采用装配式吊顶、干式铺装及装配式栏杆等。

3. BIM技术

利用BIM软件对节点处钢筋进行碰撞检查,保证施工顺利进行。

■ **示范效应**

作为政府投资建设的重点项目,采用装配式建筑技术,减少了废弃模板等建筑垃圾,提高了施工效率,综合运用保温隔热、活动外遮阳、可再生能源利用等绿色建筑技术。

安装现场

建设过程

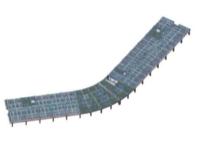
信息化技术应用

实施成效

装配式混凝土结构
禄口中学易址新建（校安工程）项目

建设地点：南京市江宁区
建筑面积：22583m²
预制装配率：50%
建设单位：南京市江宁区人民政府禄口街道办事处
设计单位：江苏龙腾工程设计股份有限公司
施工单位：南京宏亚建设集团有限公司
创建时间：2018年

■ 项目概况

禄口中学易址新建（校安工程）项目总用地面积52214m²，容积率0.43，建筑密度14%，绿地率36%，采用装配整体式框架结构。

项目实景

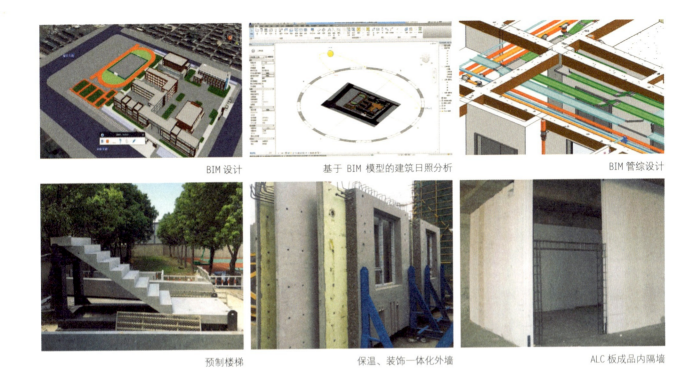

BIM 设计　　　　　　基于 BIM 模型的建筑日照分析　　　　　　BIM 管综设计

预制楼梯　　　　　　保温、装饰一体化外墙　　　　　　ALC 板成品内隔墙

■ 装配式技术运用

1. 装配整体式框架结构体系

预制构件包括叠合梁、叠合楼板等。

2. BIM 技术

通过运用 Revit、PKPM-BIM 等信息化软件建立结构模型，利用 BIM 技术的协同优势提出结构方案，确定预制装配范围、预制装配率，辅助建筑立面设计、装修设计、幕墙二次设计等。配合厂家技术交底、下料图制作、4D 施工模拟等。

■ 示范效应

项目实施过程中践行"设计、加工、装配"一体化和"建筑、结构、机电、内装"一体化的理念，实现全生命周期总成本降低 250 元 /m²，有效使用面积增加 3%，为装配式建筑项目实施提供了经验参考。

装配式混凝土结构
南京江宁技术开发区综保创业孵化基地

建设地点：南京市江宁区
建筑面积：35817m²
预制装配率：51%
建设单位：南京江宁经济技术开发总公司
设计单位：江苏东方建筑设计有限公司
施工单位：上海城建市政工程（集团）有限公司
创建时间：2018年

■ 项目概况

南京江宁技术开发区综保创业孵化基地为综合办公类建筑，总用地面积约8093m²。主楼地上16层，地下2层。项目获得第四届江苏省安装行业BIM技术创新大赛三等奖。

项目全景

建设与实施成效

■ 装配式技术运用

1. 装配整体式框架－现浇剪力墙结构体系

预制构件包括叠合梁、预制柱、预制叠合楼板和预制楼梯。

2. 预制构件连接节点

预制柱之间采用套筒灌浆连接，预制柱与梁、梁与梁之间采用现浇节点。

■ 示范效应

项目设计施工阶段综合运用BIM技术，优化施工图设计，减少错漏，提高施工质量，节约施工工期及建造成本。项目为省、市、区三级装配式建造示范项目、江苏省装配式建筑发展大会观摩项目。

装配式混凝土结构

常州市工程职业技术学院地下工程技术中心项目

建设地点：常州市武进区
建筑面积：9178m²
预制装配率：63%
建设单位：常州工程职业技术学院
设计单位：常州市规划设计院
施工单位：常嘉建设集团有限公司
创建时间：2017年

■ 项目概况

常州市工程职业技术学院地下工程技术中心实训大楼，用地面积13095m²、地上3层、建筑高度17m，采用全预制装配式框架结构体系与BIM协同管理技术。获2个发明专利、6个实用新型专利，2020年"江苏省优秀勘察设计装配式项目"二等奖，"江苏省级标准化文明工地等称号"及三星级绿色建筑设计标识证书。

项目全景

项目局部实景

■ 示范效应

项目通过18项绿建工艺达到节地13%、节能20%、节水22%、节材23%的示范效果。运用预制装配技术实现了工厂化生产、装配化施工等,有效控制噪声及沙尘,提高施工质量。施工现场噪声小,节约用材,散装物料减少,废水及废物排放少,有利于环境保护。施工期间接待同行参观学习,起到了良好的示范作用。

■ 装配式技术运用

1. 装配整体式预制混凝土框架结构体系

项目采用大跨度预应力中空楼板+全预制框架结构体系建造,主体结构竖向构件采用预制框架柱,基础和预制柱采用半灌浆式灌浆套筒连接,水平楼面梁采用预制混凝土叠合梁,楼板采用预应力中空楼板,标准楼梯采用预制楼梯。

2. 无承重支撑技术体系

采用可调支撑调节构件安装偏差,配合预制体系应用无支撑技术体系。比传统的梁板支撑施工更简便迅速。

3. 键槽法施工技术

梁、柱之间采用键槽式连接,提高了结构的整体性和抗震性能。

4. BIM技术

采用BIM技术进行预制构件和钢筋碰撞检查、构件的预拼装,确保构件拆分与设计的合理性与准确性。采用BIM技术进行项目集成管理,精益化管理施工全过程。

施工现场

模拟吊装

装配式混凝土结构

苏州科技馆、工业展览馆

建设地点：苏州高新技术开发区
建筑面积：61832m²
预制装配率：66%
建设单位：苏州高新区虎丘区城市建设管理服务中心
　　　　　苏州狮山广场发展有限公司
设计单位：启迪设计集团股份有限公司
施工单位：苏州第一建筑集团有限公司
创建时间：2020 年

■ 项目概况

　　苏州科技馆、工业展览馆项目地下为 1 层、地上为 3 层，建筑高度 24m。主体结构采用钢－钢管混凝土柱＋巨型桁架结构体系，柱、梁、支撑、楼梯均采用钢结构，楼板采用免模板技术的钢筋桁架楼承板，外围护主要采用单元式金属编织幕墙和玻璃幕墙。项目获"全国第二届工程建设行业 BIM 大赛三等成果奖""全国 AAA 级安全文明标准化工地"等荣誉及称号。

项目全景

■ **装配式技术运用**

1. 钢-钢管混凝土柱+巨型桁架结构体系

项目主体采用钢结构，预制装配率达66%，梁、柱、板、支撑、楼梯等预制构件43263m²，单元式幕墙33413m²，装配式吊顶34000m²，装配式栏杆1100m²。

2. BIM 技术

运用BIM技术对钢结构、幕墙、设备管线、施工现场等进行建模，模拟现场施工、幕墙与钢结构连接、管线综合布置及碰撞检查等，同时将BIM技术与现场施工管理信息技术融合，加入智慧围栏、塔式起重机安全监控、智能用电、模架超限预警、智慧降水、钢结构物联网等智慧工地技术应用。

■ **示范效应**

苏州科技馆、工业展览馆采用钢-钢管混凝土柱+巨型桁架结构体系，上部结构梁、柱、支撑、楼梯全部采用钢结构，并应用了免模板的钢筋桁架楼承板、单元式金属编织幕墙、装配式吊顶、装配式栏杆等构件，设备管线分离达100%，预制装配率高，对建筑产业现代化发展具有积极促进作用。

设备管线BIM模型

模拟现场施工

巨型钢箱梁

施工现场

主体钢结构

室内效果图

装配式混凝土结构
南通政务中心北侧停车综合楼

建设地点：南通市崇川区
建筑面积：48972m²
预制装配率：81%
建设单位：南通国盛城镇建设发展有限公司
设计单位：南京长江都市建筑设计股份有限公司
施工单位：龙信建设集团有限公司
创建时间：2016年

■ 项目概况

南通政务中心北侧停车综合楼为公共建筑，分高低区两部分，低区地下2层、地上8层，高区地下2层、地上16层，建筑高度63m。

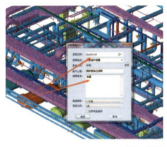   

| BIM 应用 | BIM 建模 | 吊装施工 | 垂直绿化 |

| 新型建材 | 施工安装 | 雨水回收实景 | 项目实景 |

■ 装配式技术运用

1. 装配整体式框架——现浇核心筒结构体系

地上 1 层及地下部分均为现浇结构，2 层楼面以上采用预制柱、叠合梁、叠合楼板、预制楼梯和成品板材等预制构件。

2. 工具式外防护架体系

利用预制构件已有强度，在柱、梁上运用高强度螺栓固定外挂防护架，替代传统钢管脚手架，提高施工效率和安全性。

3. BIM 技术

采用BIM技术进行钢筋、构件和管线碰撞检查，共解决1120处碰撞点。通过施工模拟，实现了管线综合排布优化，提升了工程品质。

■ 示范效应

为全国首例采用预制装配式结构的停车综合楼项目，施工中节约 330m² 混凝土、20000m² 模板、1200t 钢材、11000m³ 水，取得了良好的经济效益和环境效益。

装配式混凝土结构
海门市龙信广场一期项目

建设地点：海门市
建筑面积：9266㎡
预制装配率：64%
建设单位：江苏龙信置业有限公司
设计单位：上海华东房地产设计院有限公司
施工单位：江苏龙信建设有限公司
创建时间：2016 年

■ 项目概况

海门市龙信广场一期项目为综合性公共建筑，包括高层住宅 6 栋、多层商业 5 栋与配套用房 1 栋。其中 5# 楼地下为 1 层、地上共 30 层，采用装配整体式剪力墙结构体系。项目取得了绿色三星设计标识及绿色三星运行标识。

项目实景

■ 装配式技术运用

1. 保温结构一体化技术

采用剪力墙、楼板、楼梯、阳台板等预制构件，外部剪力墙采用三明治式墙板。

2. 土建装修一体化技术

项目为全装修成品房，采用土建、装修一体化施工，有效避免了因工序之间的穿插造成的返工。

■ 示范效应

采用预制构件，节约人工费用 25%，降低综合造价 10%，提高了施工效率；装修采用土建施工一体化技术，提高了工程品质。

项目建设实施

装配式混凝土结构

南通开发区 R17030 宏兴路南、林翠路西地块住宅项目（和风雅颂）

建设地点： 南通经济技术开发区
建筑面积： 330000m²
预制装配率： 50%
建设单位： 和宝（南通）房地产开发有限公司
设计单位： 上海联创设计集团有限公司
施工单位： 浙江宝业建设集团有限公司
创建时间： 2018 年

■ 项目概况

南通开发区 R17030 宏兴路南、林翠路西地块住宅项目（和风雅颂）为 18 栋高层住宅，采用装配整体式剪力墙结构体系。住宅共 6 个户型，采用"少规格、多组合"的原则进行户型及结构设计。

现场施工

接待中心　　　PC 叠合板现场吊装施工　　　PC 墙板加固完成

■ 装配式技术运用

1. 节能系统

采用太阳能热水系统、节能灯具、节水器具及可再循环材料等。

2. 智能化系统

采用复层绿化、智能化系统设置及地下车库 CO 监测系统等。

3. 预制装配式技术

预制构件包括墙板、叠合楼板、预制楼梯、蒸压加气混凝土条板。

■ 示范效应

该项目预制装配率达 50%，预制构件实现了由设计、生产至施工的全流程控制，现场定位与装配精度高，建筑质量与施工效率显著提高，示范效应良好。

装配式混凝土结构
南通市委党校迁建项目

建设地点：南通市崇川区
建筑面积：54600m²
预制装配率：51%
建设单位：中共南通市委党校
设计单位：南通市建筑设计研究院有限公司
施工单位：南通中房建设工程集团有限公司
创建时间：2018年

■ 项目概况

南通市委党校迁建项目采用了预制楼梯、预制次梁、预制框架梁、预制框架柱等预制构件。

项目实景

叠合板上层钢筋绑扎

叠合板自动化生产线

预制框架柱支撑加固、调垂直

框架柱吊装验收合格后搭设满堂脚手架

预制楼梯安装

预制PC构件楼梯吊装

■ **装配式技术运用**

外墙采用框架结构，填充墙砌筑，楼板厚度14cm（6cm+8cm），钢筋设计含量达70kg/m^2。采用预制框架柱、预制框架（主、次）梁、叠合楼板及预制楼梯。

■ **示范效应**

项目实现非传统水源利用率10%、可再利用和可再循环材料利用率15%，整体节能达到65%。"节地与室外环境、节水与水资源利用、节材与材料资源利用、节能与能源利用、室内环境质量"等各项指标评价总分为68.67分。

装配式混凝土结构

金海美域福邸 1~14#

建设地点：连云港市连云区
建筑面积：67364m²
预制装配率：58%
建设单位：江苏大陆桥国际商务投资发展有限公司
设计单位：上海华东房产设计院有限公司
施工单位：连云港市锐城建设工程有限公司
创建时间：2020 年

■ 项目概况

金海美域福邸项目位于连云区北固山山脚，总用地面积 31079m²，共 14 栋，装配整体式剪力墙结构单体，地下 1~2 层、地上 5~7 层。

规划全景

实景图　　　　　　　　套筒灌浆　　　　　　楼梯吊装　　　　　　叠合板安装　　　　　墙板安装

■ 装配式技术运用

1. 预制装配整体式剪力墙结构体系

采用预制装配式方法，外墙墙板、内墙隔板、预制叠合板及预制楼梯板等成品构件及现场装配式施工。

2. 广联达智慧工地平台

集合管理项目智能设备，应用BIM、云、大数据、物联网、移动互联网、人工智能等技术，满足项目建造安全管理目标、质量管理目标及绿色管理目标。

■ 示范效应

采用EPC总承包模式，住宅部分采用预制装配整体式剪力墙结构体系，建筑各单体预制率达30%以上，预制装配率达50%以上。金海美域福邸为连云港首个装配式住宅项目，推动了连云港市装配式建筑的发展。

装配式混凝土结构

江苏天工建筑科技集团有限公司研发中心

建设地点：金湖县
建筑面积：6454m²
预制装配率：76%
建设单位：江苏天工建筑科技集团有限公司
设计单位：淮安市广厦建筑设计有限公司
施工单位：江苏金建建设集团有限公司
创建时间：2018年

■ 项目概况

江苏天工建筑科技集团有限公司研发中心地面以上共4层，结构高度22m。项目预制装配率达76%。

项目实景

研发中心外景

叠合板吊装现场

梁吊装现场

■ 装配式技术运用

1. 预制装配式混凝土结构体系

预制构件包括叠合梁、框架柱、叠合板底板、楼梯、外围护墙、女儿墙等。

2. 装配式施工技术

探索柱体支撑和叠合板底板支撑系统的高效施工方法，减少现场湿施工作业量，大幅提高装配安装施工量，仅少量使用木模。

■ 示范效应

项目在设计阶段装配率配置较高，在施工阶段摸索出柱体支撑与叠合板底板支撑系统的特殊工艺，使项目施工效率大大提高。该项目建设得到地方政府大力支持，相关技术在观摩、交流、推广中持续应用，效果良好，得到一致好评。

灌浆施工现场

钢筋绑扎连接部位

装配式混凝土结构

德惠尚书府 39#、40# 楼

建设地点：盐城市亭湖区
建筑面积：39#，19349m²；40#，12983m²
预制装配率：39#，51%；40#，52%
建设单位：江苏德惠建设集团有限公司
设计单位：东南大学建筑设计研究院有限公司
施工单位：江苏晟功建设集团有限公司
创建时间：2017年

■ 项目概况

该项目为两个楼栋：39#、40# 地上均为18层，地下/半地下自行车库2层。获得三星级绿色建筑设计标识证书。

■ 装配式技术运用

1. BIM 咨询

建设全过程采用与设计咨询、构件生产及项目管理相关的 BIM 应用服务。

2. 预制装配式技术

规模化应用预制混凝土夹心外墙板、预制梁、预制叠合板、预制楼梯、预制阳台板、预制飘窗板、预制空调板、预制女儿墙等预制构件及装配式技术。

效果图

■ 示范效应

工程集合了项目开发、构件生产、建筑施工和物业运维 4 项功能，BIM 技术应用贯穿行政、管理、施工等建设全流程。

施工现场

叠合板现场吊装

预制楼梯

装修成品

装配式混凝土结构
江苏华江科技研发中心

建设地点：扬州市江都区
建筑面积：7073m²
预制装配率：77%
建设单位：江苏华江科技有限公司
设计单位：江苏中珩建筑设计研究院有限公司
施工单位：江苏华江建设集团有限公司
创建时间：2015年

■ 项目概况

江苏华江科技研发中心由主楼、辅楼和学术报告厅三部分组成，采用预制装配式框架结构体系。主楼地上3层，地下1层，建筑高度为11.5m；辅楼地上2层；学术报告厅地上1层，高7m。2017年度获评"江苏省建筑业新技术应用示范工程""江苏省扬子杯优质工程奖"。

项目实景

研发中心全景

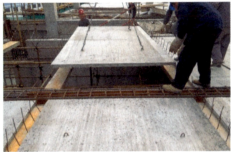
预制叠合板

预制柱吊装

预制梁吊装

预制楼梯

■ 装配式技术运用

1. 预制装配式框架结构体系

基础及地下室筏板现浇,主体结构梁、板、柱、楼梯均为预制构件,内墙采用夹芯陶粒混凝土。

2. 标准化连接方式

预制构件的连接采用构造简单、性能可靠的标准化连接方式,如梁柱节点采用后浇混凝土的连接方式,内墙板采用先安装墙后安装梁的连接方式,外墙外挂板采用企口式防水连接方式等。

3. BIM 技术

采用 BIM 技术优化施工方案,进行三维交底,促进不同专业之间相互配合与协同。

■ 示范效应

项目采用预制装配式框架结构体系、轻骨料混凝土等新技术、新产品,有效减少人工、施工周期和建设成本,同时应用信息化技术提升管理水平,取得了良好的经济效益和社会效益。

装配式钢结构
江北新区图书馆

建设地点：南京市江北新区
建筑面积：77403m²
预制装配率：79.2%
建设单位：南京市江北新区公共工程建设中心
设计单位：杭州中联筑境建筑设计有限公司
　　　　　　江苏省建筑设计研究院股份有限公司
施工单位：上海宝冶集团有限公司
创建时间：2019年

■ 项目概况

江北新区图书馆项目位于南京江北新区核心区，紧邻青龙绿化带一侧的中央公园，总建筑面积77403m²，地面以上共8层，结构高度40m。包括阅览区、媒体区、儿童区、办公设备区及信息储藏区五大功能区。建筑一层、二层为公共服务区，阅览区、办公设备区和媒体区等建筑主体功能位于二层以上，开放且不失私密。闭架书库、信息储藏区、数据库网络中心等位于地下一层，既保持独立性，又与阅览空间联系紧密。中庭以连桥联系两侧建筑功能，形成丰富的公共活动空间。该工程上部主体结构采用钢框架结构，钢框架柱采用钢管柱及钢管混凝土柱，框架梁采用H型钢梁，楼板采用免模的钢筋桁架楼承板。

项目实景

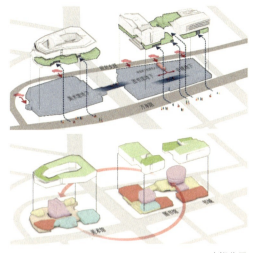
功能分区

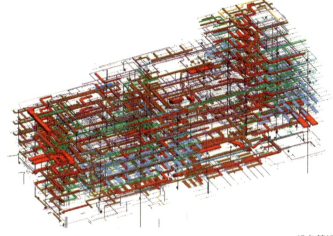
设备管线 BIM 模型

■ 装配式技术运用

1. 项目主体采用钢框架结构体系，东西两单体由中间薄弱走廊连接，结构内存在大跨桁架（梁柱）转换、大悬挑、斜柱、穿层柱等复杂情况。

2. 项目楼板均采用免模的钢筋桁架楼承板，外立面使用玻璃幕墙，内隔墙采用铝蜂窝复合隔墙板。该铝蜂窝复合隔墙板符合国家能源节约、环境保护以及新型墙体材料和制品的发展方向。

3. 设备管线采用装配式管线支吊架及装配式机房等技术。装配式管线支吊架采用标准化设计，安装简易、安全环保，节约能源。装配式机房技术在制冷机房、水泵房、空调机房、风机房等重点机房的应用，对提高机房施工质量、生产效率，保证机房施工进度具有重要意义。

4. 综合运用BIM技术对各技术系统进行深度设计，综合排布，统筹协调，提前发现了部分潜在冲突节点，有效提升了局部区域净高，节省了相关管材，为安装施工提供了切实可行的实施方案。

■ 示范效应

江北新区图书馆建设采用装配式钢结构体系、新型工业化部品（部件）、装配式管线支吊架、装配式机房及BIM技术，获得第十四届"中国建筑工程钢结构金奖"。项目实施对装配式钢结构建筑发展与建筑产业现代化推动具有积极促进意义。

主体钢框架结构

现场施工

钢筋桁架楼承板

铝蜂窝复合隔墙板

装配式管线支架

装配式机房

装配式钢结构

徐州经济技术开发区大数据智慧谷 A2、A3、D2、D3 楼

建设地点： 徐州市经济技术开发区金龙湖软件园内
建筑面积： 96636.46m²
预制装配率： A2：72.3%，A3：70.6%，
　　　　　　　D2：70.6%，D3：70.2%
建设时间： 2019 年 7 月—2021 年 7 月
建设单位： 徐州汇中建设工程管理有限公司
设计单位： 江苏华晟建筑设计有限公司
施工单位： 徐州中煤百甲重钢科技股份有限公司
创建时间： 2021 年

■ 项目概况

本项目包括 A2、A3、D2、D3 楼，共 4 栋主楼，5 栋裙楼，D3 楼为图书馆、文化馆、青少年活动中心和工会活动中心，是经开区标志性建筑，其余 3 栋楼为商务办公楼。主楼 12~22 层，最大高度 81.3m；裙楼高度 4 层，最大高度 20.3m。总建筑面积 96636.46m²，其中 A2：31417.6m²，A3：25194m²，D2：21489.16m²，D3：18535.7m²，均按钢结构装配式建筑设计施工。A2、A3 和 D2 楼采用钢框架支撑结构，D3 楼采用钢框架结构体系，地下结构采用型钢混凝土柱、型钢混凝土梁，地上部分钢柱采用箱形或圆管柱，钢梁采用热轧 H 型钢。楼板采用钢筋桁架楼承板，外墙采用 ALC 预制墙板、整体墙板、玻璃幕墙，内墙采用 ALC 预制墙板。该工程全装修，综合评定等级三级，绿色星级目标二星。

项目全景

建筑细部

■ 装配式技术运用

1. 采用装配整体式技术体系应用

采用装配式钢框架支撑结构，钢筋桁架楼承板、钢管混凝土柱，热轧H型钢，内外墙采用ALC蒸压加气混凝土板材，外墙采用自主研发的中煤嵌入式整体墙板。

2. 采用BIM技术协同设计

以Revit、Navisworks软件进行碰撞检测、管线综合等协同设计，采用高精度模型指导现场施工，使用TEKLA软件对钢构件加工、模拟拼装。

3. 新材料、新技术应用

中煤嵌入式整体墙板是中煤嵌入式钢结构装配住宅技术科技成果的有效延伸，是钢结构装配式外墙出色的研发应用成果。

■ 示范效应

该项目采用EPC模式打通产业链，以BIM技术协同推动"设计、加工、装配"一体化及"建筑、结构、机电、内装"一体化理念，实现了钢构件标准化、节点标准化、装修一体化、外墙板部件标准化的应用，对促进建筑产业现代化发展具有积极示范作用。

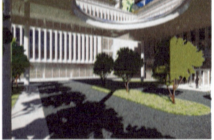

建成效果

装配式钢结构

苏州市广播电视总台现代传媒广场

建设地点：苏州工业园区
建筑面积：135657m²
预制装配率：77%
建设单位：苏州市广播电视总台
设计单位：中衡设计集团股份有限公司
施工单位：中亿丰建设集团股份有限公司
创建时间：2016年

■ 项目概况

苏州市广播电视总台现代传媒广场为大型地标性城市公共建筑，包括超高层智能办公楼、演播楼、酒店楼、商业楼及M形屋架。建筑主体采用"钢结构预制装配外周框架＋钢筋混凝土核心筒"混合结构（中部为混凝土核心筒、外围为柱梁框架），办公楼采用"钢框架－钢筋混凝土核心筒"结构，演播楼采用"预制装配钢框架＋支撑＋大型空间钢桁架"结构，M形屋架采用"预制装配空间预应力钢结构"。先后获得詹天佑奖、鲁班奖、LEED铂金级认证、华夏建设科技奖、江苏省科技进步奖等。

项目全景

创意缘起

办公楼中庭滑移施工

BIM 技术模拟安装

广场视角

办公楼裙房人行通道

■ 装配式技术运用

1. 创新"开洞钢板墙-钢桁架结构"体系

该体系融合钢桁架体系和钢板墙结构优势,桁架结构立面开洞位置、尺寸、形状不受斜撑限制。

2. 装配化装修技术

核心筒部分的内墙采用预制大理石板与不锈钢板,办公空间采用装配式铝板吊顶、架空地面与轻钢龙骨内隔墙,干法施工、安装速度快。管线分离技术应用使地面、吊顶实现空腔走线,集成化程度高,便于后期调整、检修与维护。

3. BIM 技术

采用 BIM 技术进行施工全程模拟,有效保证施工精度与装配作业质量,实现了人力、物力成本节约。

■ 示范效应

项目基于新型工业化建造理念,采用设计、施工、装修一体化的设计思维模式,综合运用预制钢结构体系及叠合楼板、预制楼梯等部品部件,在实现较高预制装配率的同时,达到了建筑功能合理性、空间艺术性与建造逻辑性的融合统一,为装配式钢结构技术应用及钢结构建筑发展树立了良好示范。

装配式钢结构

中心城区玉泉山路小学等 10 所中小学 EPC 总承包第一标段
（玉泉山路小学教学楼、豫新初中教学楼、项里学校综合楼）

建设地点：宿迁市宿豫区、宿城区
建筑面积：254700m²（5 所学校）
预制装配率：66%
建设单位：宿迁市教育局（宿迁市城投代建）
监理单位：江苏兴盛工程咨询监理有限公司
设计单位：中衡设计集团股份有限公司、江苏省城市规划设计研究院
施工单位：中建科工集团有限公司
创建时间：2020 年

■ **项目概况**

中心城区玉泉山路小学等 10 所中小学 EPC 总承包第一标段（玉泉山路小学教学楼、豫新初中教学楼、项里学校综合楼）为教育建筑，采用装配式钢结构技术体系。建筑高度 26m。建筑主体采用钢框架结构。

玉泉山路小学

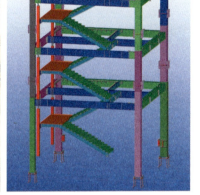
楼梯深化设计

豫新初中

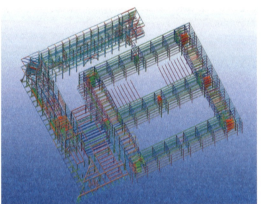
BIM模型深化

■ 装配式技术运用

1. 钢框架结构体系

框架柱采用矩形柱及方钢混凝土柱,框架梁采用H型钢梁,楼板采用免模钢筋桁架楼承板,外墙采用软瓷、真石漆、玻璃幕墙,内隔墙采用铝蜂窝复合隔墙板、ALC板。

2. BIM技术

采用BIM技术进行深度设计,综合排布,统筹协调,提前消除、减少潜在冲突节点,为安装施工提供精确实施方案。

3. 智慧化管理技术

运用实名制系统、管理驾驶舱系统、防尘监控系统、自动喷淋系统、热成像系统、塔式起重机防碰撞系统及自动报警系统等,实现项目全方位监管,为项目进度、质量、安全及正常运行提供保障措施。

■ 示范效应

项目实现"采购-制作-运输-安装"一体化管理,具有稳定的钢结构体系产品供给,年产能22万t,有利于装配式钢结构工程的建设实施。智慧工地管理模式便于随时监督、调取、复查项目施工情况,对推动装配式钢结构建筑发展具有积极意义。

装配式木结构

XDG-2010-48号地块A1楼
（浪潮大数据产业园）

建设地点：江苏无锡经济开发区
建筑面积：A1楼10140m²，其中装配式建筑面积5780m²
预制装配率：57%
建设单位：无锡新泽文商旅投资发展有限公司
设计单位：上海兴筑建筑设计有限公司
施工单位：江苏苏阳建设有限公司
创建时间：2020年

■ 项目概况

XDG-2010-48号地块A1楼（浪潮大数据产业园）A区北侧组团采用混木结构体系，1、2层为钢筋混凝土结构，3~5层为木结构，建筑和室内采用一体化设计，木结构构件采用标准化预制。

项目全景

■ 装配式技术运用

1. 现代胶合木结构建造技术

2. 工厂化生产、工地现场装配施工

墙体、楼板、搁栅、屋架等工厂预制，现场组装，施工周期仅需同等规模混凝土结构的1/3~1/2。

■ 示范效应

项目充分发挥装配式木结构的加工、安装特点及生态环保优势，实现了资源提取、生产、施工、服务、后期处置等全生命周期的能耗降低，为装配式木结构技术体系应用作出了有益示范。

全项目BIM模型

主体木结构

现场施工

预制楼板加工

预制楼板安装

木结构建筑主体框架

木结构建筑主体

装配式木结构

太湖御玲珑生态住宅示范苑

建设地点：苏州市吴中区
建筑面积：39322m²
预制装配率：80%
建设单位：苏州佳邑绿色置业有限公司
设计单位：苏州拓普建筑设计有限公司
施工单位：苏州昆仑绿建木结构科技股份有限公司
创建时间：2015年

■ 项目概况

　　太湖御玲珑生态住宅示范苑为商品住宅开发项目，包括1栋服务公寓，3栋多层建筑，15套独栋别墅，3套会所别墅。低层住宅为木结构建筑，公寓和多层住宅外围护及内隔墙采用木制填充节能墙。该项目为苏州市首个木结构生态住宅社区。

项目全景

多层精装公寓

墙体工厂制作　　　　　　　　现场施工　　　　　　　　精装修技术

■ 装配式技术运用

1. 预制装配技术

房屋主要模块在工厂预制生产，采用现场快速拼装集成模式，提高木结构建筑的施工效率。

2. BIM 技术

通过可视化设计、碰撞检查、性能化分析、协同设计和管线综合等实现 BIM 全过程管理。

■ 示范效应

项目安装采用现场快速拼装集成模式，节省工期 50% 以上，节约造价 21% 以上。作为苏州市首个木结构生态住宅社区，该项目为木质节能填充墙体在中高层建筑中的应用作出有益探索。

模块建筑

南京仙林湖"香悦澜山"项目 21#、22# 模块住宅

建设地点： 南京市栖霞区
建筑面积： 22372m²
预制装配率： 84%
建设单位： 南京新城万隆房地产有限公司
设计单位： 中国建筑设计研究院有限公司
南京市建筑设计研究院有限责任公司
施工单位： 镇江威信模块建筑有限公司
江苏省苏中建设集团股份有限公司
创建时间： 2016 年

■ 项目概况

南京仙林湖"香悦澜山"项目 21#、22# 模块住宅建筑高度为 37m，采用模块－核心筒结构，为国内首个应用 3D 模块技术的商业住宅项目。

项目实景

项目鸟瞰

核心筒施工

模块吊装

■ 装配式技术运用

项目采用模块－核心筒结构：模块建筑体系整体可实现 80% 以上的主体结构工厂组装和 90% 以上的部品安装，工业化程度高。

■ 示范效应

该项目采用威信模块体系，可实现减少能源消耗，抑制工地扬尘，减少建筑垃圾，模块室内装修一体化，现场搭建速度快，综合建设工期比传统建造工艺工期缩短 1/3 以上。与传统建筑相比节水 70%、节电 70%，现场建筑垃圾减少 85%，现场用工量减少 70% 以上，可实现工厂建筑废料 95% 回收利用。工地噪声和扬尘大幅度降低，建筑本身保温和隔声性能大幅提升，作业环境和施工安全条件大幅改善。能持续有效拉动冶金、建材、装饰等建筑全产业链企业经济技术增长，带动全链条技术人员就业，推动建筑产业化的健康发展。

模块建筑
镇江新区港南路公租房

建设地点：镇江经济技术开发区
建筑面积：134500m²
预制装配率：84%
建设单位：镇江新区保障住房建设发展有限公司
设计单位：中国建筑设计院有限公司
施工单位：镇江威信建筑有限公司
创建时间：2015年

■ 项目概况

镇江新区港南路公租房总建筑面积134500m²，地上建筑面积96000m²，地下为38500m²，共包括10幢18层住宅，建筑高度均为55m。建筑主体结构采用钢筋混凝土核心筒＋模块结构，建筑地上主体部分采用工厂预制模块，现场围绕核心筒搭建形式，同时完成整个建筑物的保温及外装饰面层的施工。

项目全景

建筑模块

现场施工流程图

施工现场

■ 装配式技术运用

项目采用威信 3D 模块建筑技术：该体系由抗侧力核心筒与多个预制集成建筑模块在施工现场装配组合而成。核心筒是模块建筑体系的主要抗侧力结构，承担建筑地震及风荷载作用下的全部水平荷载；预制集成建筑模块是由钢密柱墙体和混凝土楼板等构件以及吊顶、内装饰品等共同组成的预制三维空间承重结构单元，只承担自身重力荷载；核心筒与预制集成建筑模块之间通过连接件相连。

■ 示范效应

项目应用的模块技术与传统建筑技术相比，施工现场减少建筑垃圾 85%，同时 90% 以上的建筑废弃物可进行回收再利用；节约钢材 15%，节约混凝土 80%，节水 70%，节电 70%，建造过程中碳减排 51.7kg/m²。经济效益和社会效益显著。

模块建筑
吾悦商业广场（16#楼）

建设地点：兴化市
建筑面积：8655m²
预制装配率：98%
建设单位：兴化新城亿恒房地产开发有限公司
设计单位：中国建筑设计研究院有限公司
施工单位：镇江威信模块建筑有限公司
创建时间：2020年

■ 项目概况

吾悦商业广场为泰州首个建筑产业现代化集成应用示范工程项目，其中16#楼为模块-钢框架核心筒支撑体系，获得省住房城乡建设厅"2020年建筑产业现代化第一批集成应用示范工程"荣誉称号。

建设实景

■ 装配式技术运用

1. 模块-钢框架核心筒支撑体系

模块建筑体系整体可实现在工厂完成 80% 以上的主体结构组装和 90% 以上的部品安装。

2. 模块一体化设计

各专业设计同步进行，设计成果既满足建筑规范要求又满足生产和搭建工艺要求。

■ 示范效应

项目充分运用国际领先的工业化集成模块建筑体系及相关技术，装配率达 98%，项目实施为推动当地装配式建筑技术应用与产品普及提供了经验积累与示范。

项目施工与建成实效

装配式混合结构

南京江北新区未来居住建筑钢-混凝土组合示范楼

建设地点：南京江北新区
建筑面积：24000m²
预制装配率：82%
建设单位：南京江北新区中央商务区开发运营有限公司
设计单位：南京长江都市建筑设计股份有限公司
施工单位：中建八局第三建设有限公司
创建时间：2018年

项目全景

■ 项目概况

南京江北新区未来居住建筑钢-混凝土组合示范楼位于国家级新区南京江北新区核心区，是"江苏省绿色智慧建筑（新一代房屋）课题研究与示范"课题示范项目，获得三星级绿色建筑设计标识证书、三星级健康建筑设计标识证书等荣誉。

项目实景

■ 装配式技术运用

1. 新型工业化技术

综合运用了当前中国最高水准的工业化建造技术、绿色健康技术、科技智慧技术、可变建造技术和建筑太阳能光伏发电一体化技术。

2. 智慧建造技术

核心筒、建筑外立面、布线接口、能源利用及智慧管网等采用智慧集成技术。

■ 示范效应

该项目先后接待政府领导与行业专家，多次召开全省装配化装修现场观摩会，对推动高品质绿色、健康、科技、智慧建筑发挥积极作用。建成后将成为全国、全省装配式建筑集成应用示范性、标志性项目。

主体钢框架结构

外挂墙板吊装

外挂墙板连接节点

装配化装修

装配式混合结构

苏地 2016-WG-19 南地块工程

建设地点：苏州高新技术开发区
建筑面积：地上建筑面积 17018m²，
地下建筑面积 2829m²
预制装配率：30%
建设单位：苏州白马涧旅游发展有限公司
设计单位：苏州九城都市建筑设计有限公司
施工单位：中天建设集团有限公司
创建时间：2019 年

■ 项目概况

苏地 2016-WG-19 南地块项目位于苏州市高新区枫桥街道白马涧河绿化地东、华山路绿化地南，获得"2018 年市级建筑产业现代化示范项目"与"2020 年省级'四优'第十九届优秀工程设计一等奖"。

项目全景

群塔作业和进度模拟

项目实景

钢木节点的技术优化

屋架细部

项目建设

■ 装配式技术运用

1. 装配式技术

地上主体部分为钢结构，钢柱与钢梁组合成结构框架，2层的楼承板为钢筋桁架压型钢板，屋面结构为钢梁+下弦双根钢拉杆桁架结构。

2. BIM 技术

运用 BIM 技术进行施工模拟、场地布置策划、群塔装吊模拟及进度分析模拟。运用 BIM 技术进行结构、建筑建模，辅助审查。

■ 示范效应

项目结合了高景山地区的山体改造以及白马涧景区的升级，打造开放绿色产业片区，开创低碳、健康产业、生活融合的理念，使小镇成为生命时代"建筑呵护生命"的载体，为长三角地区贡献一个全球精准医疗的生态高地和良好品质的城市模型。

▶ **装配化装修**

苏州市长三角国际研发社区启动区会议中心、人才公寓室内装饰工程

建设地点：苏州市相城区
建筑面积：10500m²
预制装配率：80%
建设单位：苏州阳澄研发产业园有限公司
设计单位：苏州虎皇建设发展有限公司
施工单位：苏州承志装饰有限公司
创建时间：2020年

■ 项目概况

苏州市长三角国际研发社区启动区会议中心、人才公寓室内装饰工程项目建筑面积42074m²，地下室建筑面积9365m²，全装修面积34107m²。人才公寓的全装修项目（面积10500m²）中，除公共区域采用传统装修，所有套内面积约8402m²均采用装配化装修，装修的内容包含装配式地面系统、装配式墙面系统、装配式整体卫生间及收纳系统等。

项目全景

项目实景

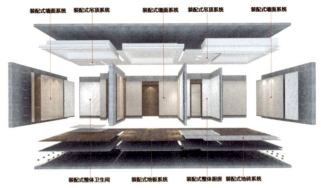
装配式整体系统

装配式墙面系统

装配式整体卫生间

装配式地面系统

装配式吊顶系统

■ **装配式技术运用**

项目（人才公寓装配化装修）实施基于SI体系的分离法建造：

1. 装配式整体卫生间：采用铝蜂窝结构，形成整体防水底盘和墙板，全部采用干法施工，杜绝了渗漏。

2. 装配式地面系统：龙骨高度可调，提供无误差的安装尺寸，全过程干式作业保护成品，管线分离、方便维修。

3. 装配式墙面系统：采用装配式竹木纤维板，防火、隔声、防潮、耐腐蚀、防虫蛀，环保易清洁。

■ **示范效应**

项目装配化装修饰面材料丰富、施工周期短，比传统装修更早交付房屋使用，成品零甲醛、零污染，部分部品可循环使用，节能环保。施工过程易管控，品质有保障，杜绝传统装修工艺通病，维修率大幅降低。同时，提高装修维护翻新的便捷性，部品拆卸方便，有效降低了住宅全生命周期的成本。

高邮市人民医院东区医院（二期）综合病房楼

建设地点：高邮市
建筑面积：97701m²
建设单位：高邮市建设投资发展集团有限公司
设计单位：浙江省现代建筑设计研究院有限公司
施工单位：江苏兴厦建设工程集团有限公司
创建时间：2020年

■ **项目概况**

　　高邮市人民医院东区医院（二期）综合病房楼建筑层数为地上20层，地下2层，高度85m。A栋为35层，150m，建筑面积约52000m²；B栋为24层，高度104m，建筑面积约36000m²；C栋为5层，高度45m，建筑面积约9000m²。

项目全景

■ **装配式技术运用**

1. 预制装配式技术

建筑外墙等使用预制构件进行施工。

2. BIM 技术

利用BIM技术建立模型、优化施工图设计，在桥架竖向标高、分支、水平位移、角度等变化部位建立桥架联结箱模型，在桥架联结箱侧面板放线位置预留检修孔。

■ **示范效应**

通过工厂化生产，减少大量现场制作和安装时间，提高施工效率，节省50%作业时间，节省材料的同时保证工程质量，综合效益显著。

南侧实景

金属吊顶　　　　　　　　　　洁净墙板

护士站　　　　　　　　　　医用门

▶ BIM 集成应用

南京新媒体大厦

建设地点： 南京市建邺区
建筑面积： 155000m²
建设单位： 南京报业集团有限责任公司
南京市文化投资控股集团有限公司
南京体育产业集团有限责任公司
南京城市建设管理集团有限公司
设计单位： 南京市建筑设计研究院有限责任公司
江苏华东工程设计有限公司
施工单位： 中国建筑一局（集团）有限公司
中国建筑技术集团有限公司
创建时间： 2020 年

■ 项目概况

南京新媒体大厦工程总用地面积 18500m²，总建筑面积约 16 万 m²，A 栋采用 35 层框架-核心筒结构、高度 150m、建筑面积约 5 万 m²，B 栋采用 24 层框架-抗震墙结构、高度 104m、建筑面积约 4 万 m²，C 栋采用 5 层框架结构、高度 45m、建筑面积约 9000m²。

项目全景

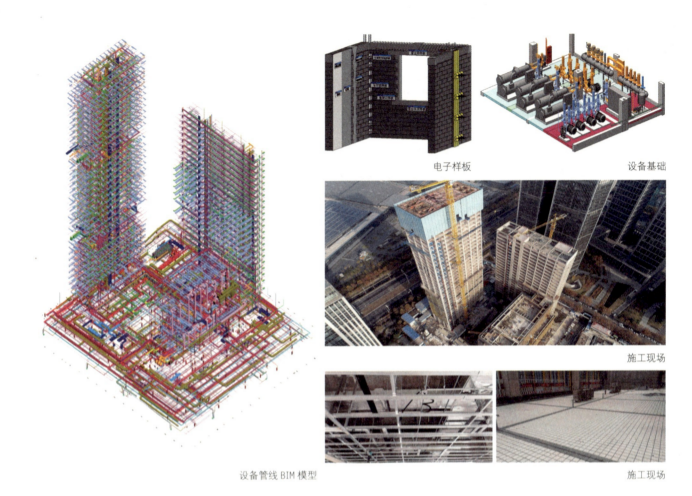

设备管线BIM模型　　电子样板　　设备基础　　施工现场　　施工现场

■ 装配式技术运用

1. 设计施工总承包 EPC 工程

EPC 模式下各专业图纸融合，实现碰撞检测、进度模拟及纠偏、机电安装预制化、屋面深化、精装模型深化等。

2. BIM 建造

在施工阶段运用 BIM 技术进行地下室支撑拆除工况分析。

3. BIM 管理

从工程量统计、施工平面布置、可视化交底及安全管理四个方面实现对附着升降脚手架的信息化以及规范化管理。

■ 示范效应

1. 南京新媒体大厦项目在施工阶段运用 BIM 技术进行地下室支撑拆除工况分析，优化施工方案，保证现场的安全有效施工。

2. 利用 BIM 技术进行场区优化，超前完成业主要求地下室结构封顶的时间节点，得到建设单位的高度肯定。

3. 项目通过运用 BIM 技术，从工程量统计、施工平面布置、可视化交底及安全管理四个方面实现对附着升降脚手架的信息化以及规范化管理，有效提高操作人员的施工效率和准确度。

昆山杜克大学二期工程

建设地点： 昆山市
建筑面积： 115800m²
建设单位： 昆山创业控股集团有限公司
设计单位： 中衡设计集团股份有限公司
施工单位： 中衡设计集团股份有限公司
创建时间： 2020年

■ 项目概况

该项目总建筑面积约为12万 m²，建设全过程采用BIM技术研发，先后获得"2020年度昆山市BIM技术应用示范项目""2020年江苏省建筑产业现代化示范项目——BIM技术集成应用示范工程项目""第十一届创新杯BIM应用大赛二等奖"以及"第七届江苏省勘察设计行业BIM应用大赛三等奖"等荣誉。

施工现场

■ BIM 技术应用

1. BIM 技术基础应用

应用 BIM 技术进行图纸图面问题检查、专业内部及专业间碰撞检查、MEP 管线综合、项目区域净高分析、结合场地管综进行场地分析等。

2. BIM 技术深入应用

应用 BIM 技术进行出图，优化自动排烟风口、构造柱、配电箱、结构梁预埋套管及砌体墙预留洞口位置，快速完成综合支吊架等布置。

3. BIM 技术创新应用

应用 BIM 技术对项目整体进行可视化分析，包括漫游、方案对比、VR、Dynamo 以及自动核查等。

■ 示范效应

昆山杜克大学二期工程运用 BIM 技术进行总体分析与深化，在建设过程中实现了复杂信息的简化处理、管线综合的设计优化与参与方协同效率的提高，同时可视化模拟为辅助决策提供了有力的技术支持，具有典型示范意义。

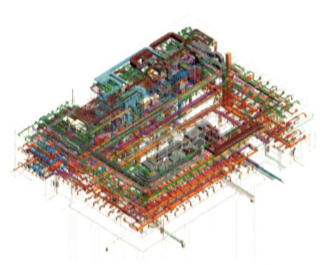

设备管线 BIM 模型

设计优化

机电专业施工

▶ 市政

苏州市轨道交通 5 号线工程车站机电安装及装修施工项目（第一批）（SRT5-12-4 标段）长江路站

建设地点：苏州市吴中区
项目规模：11232m²
预制装配率：67%
建设单位：苏州市轨道交通集团有限公司
设计单位：广州地铁设计研究院股份有限公司
施工单位：中亿丰建设集团股份有限公司
创建时间：2020 年

■ 项目概况

苏州市轨道交通 5 号线呈东西走向，主要连接吴中区、高新区、姑苏区、工业园区，设站 34 座。SRT5-12-4 标段主要施工内容为：通风与空调、给水排水及消防、动力及照明、建筑装修等。长江路站总长度 187m，标准段宽 20m，有效站台长度 120m，宽度 11m。

站房实景

地铁站整体 BIM 模型

装配式机电施工

数字化加工中心

管件模块化整体安装

组件工厂数字化加工

空调水泵模块

消防水泵模块

■ 装配式技术运用

1. BIM 技术

建设全过程采用 BIM 技术辅助，进行装配式机电与装配式装修策划，并通过机电装修一体化，实现站台无吊顶设计。

2. 装配式施工技术

依托数字化加工中心，以机电模块化及装配式施工实现快速装配机房机电单元。

■ 示范效应

装配式施工减少现场切割、焊接作业，降低二氧化碳等温室气体排放。同时，有效降低劳动力成本、火灾发生率，提高施工安全性。项目为江苏省首个机电和装修装配式施工的轨道交通试点工程，经济效益和社会效益显著，为后续轨道交通车站机电和装修实现模块化以及组件化建设提供借鉴。

太湖新城吴中片区综合管廊（二期）龙翔路及友翔路西段管廊工程

建设地点：苏州市吴中区
项目规模：25100km
预制装配率：67%
建设单位：苏州吴中滨湖新城工程建设管理有限公司
设计单位：上海市政工程设计研究总院（集团）有限公司
施工单位：中亿丰建设集团股份有限公司
创建时间：2020年

■ **项目概况**

太湖新城吴中片区综合管廊（二期）龙翔路及友翔路西段管廊工程位于龙翔路西侧绿化带下方，友翔路段管廊位于道路中间绿化带下方。基坑开挖深度在5~13m范围内。

项目全景

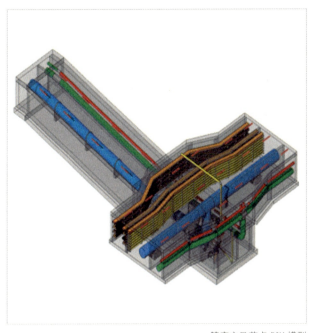

管廊交叉节点BIM模型

■ 装配式技术运用

1. 叠合装配式及顶管方式施工相结合

采用叠合装配式管廊提高施工效率与工程质量，采用全预制顶管式施工，减少对城市日常交通的干扰。

2. BIM技术

应用BIM与物联网技术，实现装配式管廊深化设计、预制加工、现场吊装、后期运维等全过程管理。

■ 示范效应

项目采用工厂预制构件，建筑材料损耗小、钢筋和混凝土现场工程量小，木材、水、电用量少。科学合理的施工组织有效降低了施工噪声、烟尘与建筑垃圾产生，经济效益、环保效益良好。作为苏州首例应用叠合装配式及顶管方式施工相结合的工程，为地下综合管廊及其他市政工程建设转型发展探明路径。

叠合板式管廊

现场施工

顶管式管廊预制构件

BIM可视化交底

装配式管线支架

预制构件工业化生产

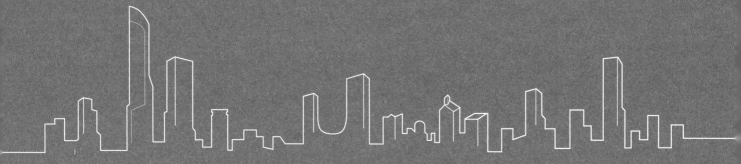

江苏省建筑产业现代化发展报告(2020)

附录
Appendix

◎ 江苏省建筑产业现代化示范名录

附录

江苏省建筑产业现代化示范名录

示范城市

序号	名称
2015 年度	
1	南通市
2	镇江市
3	海门市
4	常州市武进区
5	南京市江宁区
6	扬州市江都区
2016 年度	
1	苏州市
2	扬州市
3	海安县
4	阜宁县
2017 年度	
1	南京市
2	徐州市
2019 年度	
1	泰州市

示范园区

序号	所在地	园区名称
2018 年度		
1	南通	南通现代建筑产业园
2	盐城	阜宁绿色智慧建筑产业园
3	扬州	江苏省和天下绿建产业园
4	镇江	句容现代建筑产业园
2019 年度		
1	徐州	江苏徐州工业园区装配式产业园
2	常州	常州市武进绿建建筑产业现代化示范园区
3	泰州	虹桥绿色智能装配式建筑产业园

示范基地

序号	类别	所在地	实施单位
2015年度			
1	集成应用类	南京	南京大地建设集团有限责任公司
2		苏州	苏州金螳螂建筑装饰股份有限公司
3		南通	龙信建设集团有限公司
4			江苏中南建筑产业集团有限责任公司
5		镇江	威信广厦模块住宅工业有限公司
6	设计研发类	南京	南京长江都市建筑设计股份有限公司
7			江苏省建筑科学研究院有限公司
8			南京工业大学（土木工程学院）
9			东南大学（土木工程学院）
10		常州	常州市建筑科学研究院股份有限公司
11			江苏筑森建筑设计有限公司
12		苏州	苏州设计研究院股份有限公司
13			苏州工业园区设计研究院股份有限公司
14	部品生产类	南京	南京金中建幕墙装饰有限公司
15			南京旭建新型建材股份有限公司
16		无锡	江苏宏厦门窗有限公司
17			宜兴市赛特新型建筑材料有限公司
18		徐州	徐州飞虹网架建设有限公司
19			徐州中煤百甲重钢科技有限公司
20		常州	常州中铁城建构件有限公司
21			常州绿建板业有限公司
22			长沙远大住宅工业（江苏）有限公司
23		苏州	苏州科逸住宅设备股份有限公司
24		连云港	江苏欧野建筑节能科技有限公司
25		淮安	江苏远翔装饰工程有限公司
26			江苏绿野建筑发展有限公司
27		扬州	江苏华江祥瑞现代建筑发展有限公司
28		镇江	江苏建华新型墙材有限公司
29		宿迁	江苏元大建筑科技有限公司

续表

序号	类别	所在地	实施单位
	2016 年度		
1	集成应用类	苏州	苏州昆仑绿建木结构科技股份有限公司
2			苏州旭杰建筑科技股份有限公司
3	设计研发类	省属	东南大学工业化住宅与建筑工业研究所（东南大学建筑学院）
4			江南大学
5			江苏建筑职业技术学院（江苏建筑节能与建造技术协同创新中心）
6			扬州工业职业技术学院
7		南京	江苏省建筑设计研究院有限公司
8			江苏龙腾工程设计有限公司
9		徐州	徐州中国矿业大学建筑设计咨询研究院有限公司
10		常州	常州市规划设计院
11		苏州	苏州市建筑科学研究院集团股份有限公司
12		南通	南通市建筑设计研究院
13			江苏省苏中建设集团
14		连云港	连云港市建筑设计研究院有限责任公司
15		淮安	江苏美城建筑规划设计院有限公司
16		盐城	盐城市建筑设计研究院有限公司
17		扬州	扬州市建筑设计研究院
18		镇江	江苏镇江建筑科学研究院集团股份有限公司
19			江苏中森建筑设计有限公司
20		宿迁	江苏政泰建筑设计有限公司
21	部品生产类	南京	江苏丰彩新型建材有限公司
22			江苏建科节能技术有限公司（原名：江苏康斯维信建筑节能技术有限公司）
23			南京倍立达新材料系统工程股份有限公司
24		无锡	江苏东尚新型建材有限公司
25			江苏沪宁钢机股份有限公司
26		常州	常州克拉赛克门窗有限公司
27			江苏圣乐建设工程有限公司
28		苏州	风范绿色建筑（常熟）有限公司
29			阿博建材（昆山）有限公司
30			禧屋家居科技（昆山）有限公司

续表

序号	类别	所在地	实施单位
31	部品生产类	苏州	江苏春阳新材料科技集团有限公司
32		南通	南通科达建材股份有限公司
33			龙信集团江苏建筑产业有限公司
34			南通市康民全预制构件有限公司
35		盐城	江苏金贸建设集团有限公司
36		扬州	江苏和天下节能科技有限公司
37			江苏华发装饰有限公司
38			扬州牧羊钢结构工程有限公司
39		镇江	镇江奇佩支吊架有限公司
2017年度			
1	集成应用类	南通	江苏南通三建集团股份有限公司
2		扬州	江苏华江建设集团有限公司
3			江苏兆智建筑科技有限公司
4	设计研发类	省属	江苏省工程建设标准站
5			江苏省建筑工程质量检测中心有限公司
6			南京工大建设工程技术有限公司
7		南京	南京市建筑设计研究院有限责任公司
8			南京市建筑安装工程质量检测中心
9			江苏方建质量鉴定检测有限公司
10			南京方园建设工程材料检测中心
11		无锡	无锡市建筑设计研究院有限责任公司
12			江苏博森建筑设计有限公司
13		扬州	江苏省华建建设股份有限公司
14		常州	常州市安贞建设工程检测有限公司
15	部品生产类	南京	中民筑友科技（江苏）有限公司
16			江苏新蓝天钢结构有限公司
17			南京天固建筑科技有限公司
18		徐州	江苏莱士敦建筑科技有限公司
19			江苏唐基新材料科技有限公司
20			徐州工润建筑科技有限公司
21			江苏恒久钢构有限公司

续表

序号	类别	所在地	实施单位
22	部品生产类	常州	江苏宝鹏建筑工业化材料有限公司
23			常州砼筑建筑科技有限公司
24			江苏华大集成房屋有限公司
25		苏州	江苏三一筑工有限公司
26		连云港	连云港市锐城建设工程有限公司
27			江苏万年达杭萧钢构有限公司
28		淮安	江苏天工建筑科技有限公司
29		盐城	江苏美鑫源绿色房屋有限公司
30		扬州	宝胜建设有限公司
31			扬州中意水泥制品有限公司
32		泰州	江苏宇辉住宅工业有限公司
33			江苏泰润物流装备有限公司
2018年度			
1	集成应用类	南京	南京国际健康城投资发展有限公司
2		无锡	无锡同济钢结构项目管理有限公司
3		苏州	中亿丰建设集团股份有限公司
4	设计研发类	省属	南京林业大学
5			南京大学建筑规划设计研究院有限公司
6			东南大学建筑设计研究院有限公司
7			南京工业大学建筑设计研究院
8		常州	常州市武进建筑设计院有限公司
9		苏州	苏州东吴建筑设计院有限责任公司
10		连云港	江苏世博设计研究院有限公司
11		南通	海门市建筑设计院有限公司
12	部品生产类	南京	江苏建构科技发展有限公司
13			江苏东塔建筑科技有限公司
14			南京市嘉翼建筑有限公司
15		无锡	江苏捷阳科技股份有限公司
16			申锡机械有限公司
17			江苏大东钢板有限公司
18			无锡嘉盛商远建筑科技有限公司

续表

序号	类别	所在地	实施单位
19	部品生产类	徐州	江苏福久住宅工业制造有限公司
20			新沂三一筑工有限公司
21			徐州中煤汉泰建筑工业化有限公司
22			江苏诚意住宅工业科技发展有限公司
23			上海电气研砼（徐州）重工科技有限公司
24		常州	中盈远大（常州）装配式建筑有限公司
25		苏州	苏州嘉盛万城建筑工业有限公司
26			苏州瑞至通建筑科技有限公司
27			苏州嘉盛远大建筑工业有限公司
28			苏州杰通建筑工业有限公司
29			苏州建国建筑工业有限公司
30		南通	南通达海澄筑建筑科技有限公司
31			南通华荣建设集团建材科技有限公司
32			南通中房建筑科技有限公司
33			南通砼研建筑科技有限公司
34			江苏吉润住宅科技有限公司
35			海门市智达建筑材料科技有限公司
36			如皋汉府建筑科技有限公司
37		连云港	连云港东浦建筑工业化发展有限公司
38		淮安	淮安凡之晟远大建筑工业有限公司
39			江苏建源益成新材料科技有限公司
40			江苏国联龙信建设科技有限公司
41		盐城	江苏晟功三一筑工有限公司
42		扬州	扬州通利冷藏集装箱有限公司
43			江苏旺材科技有限公司
44		镇江	中交二航局第三工程有限公司大路分公司
45		泰州	江苏保力自动化科技有限公司
46			泰州龙祥现代建筑发展有限公司
47			中核铭际建筑科技（泰兴）有限公司
48			玉荣建筑科技（兴化）有限公司
49		宿迁	华江泗阳现代建筑发展有限公司

续表

序号	类别	所在地	实施单位
	2019 年度		
1	集成应用类	南京	南京安居保障房建设发展有限公司
2		苏州	苏州嘉盛建设工程有限公司
3	设计研发类	南京	江苏建科工程咨询有限公司
4			中通服咨询设计研究院有限公司
5		无锡	无锡市政设计研究院有限公司
6		常州	江苏筑原建筑设计有限公司
7			谢亿民工程科技（常州）有限公司
8	部品生产类	南京	中建五洲工程装备有限公司
9		常州	常州杰通装配式建筑有限公司
10		苏州	苏州新城万斯达住宅工业有限公司
11			苏州良浦住宅工业有限公司
12		盐城	江苏博拓新型建筑材料有限公司
13		扬州	江苏扬建集团钢结构公司
14		镇江	江苏丹凤建筑集成化科技有限公司
15		泰州	中建钢构江苏有限公司
16	专项能力实训类	南京	东南大学成贤学院（装配化施工、BIM 应用）
17			江苏建科建筑技术培训中心、江苏省建筑工程质量检测中心有限公司（质量检测）
18			南京大地建设集团有限责任公司（预制构件生产、装配化施工、BIM 应用）
19			南京同筑盛世信息科技有限公司（BIM 应用）
20			南京明麓建筑工程有限公司（BIM 应用）
21		无锡	无锡市工业设备安装有限公司（BIM 应用）
22			江苏东尚住宅工业有限公司（预制构件生产）
23		徐州	中建科技徐州有限公司（预制构件生产、装配化施工）
24			徐州工润建筑科技有限公司（预制构件生产、装配化施工、BIM 应用）
25			江苏诚意住宅工业科技发展有限公司（预制构件生产）
26		常州	江苏城乡建设职业学院江苏省住房和城乡建设厅科技发展中心（装配化施工、BIM 应用）
27			常州砼筑建筑科技有限公司（预制构件生产、装配化施工）
28		苏州	苏州嘉盛集团有限公司苏州市政扬帆职业培训学校（预制构件生产、装配化施工、BIM 应用）
29			中亿丰建设集团股份有限公司、苏州旭杰建筑科技股份有限公司（预制构件生产、装配化施工、BIM 应用）
30			苏州市建科职业培训学校，苏州市建设工程质量检测中心有限公司（质量检测）

续表

序号	类别	所在地	实施单位
31	专项能力实训类	南通	南通装配式建筑与智能结构研究院（预制构件生产、装配化施工、BIM应用）
32		南通	南通现代建筑产业园（预制构件生产、装配化施工、BIM应用）
33		连云港	连云港职业技术学院（BIM应用）
34		淮安	淮安凡之晟远大建筑工业有限公司（预制构件生产、装配化施工）
35		淮安	淮安市建筑工程质量检测中心有限公司（质量检测）
36		盐城	阜宁智慧建筑产业园投资发展有限公司（预制构件生产、装配化施工、BIM应用）
37		扬州	江苏和天下节能科技股份有限公司（预制构件生产、装配化施工）
38		扬州	江苏华江祥瑞现代建筑发展有限公司（预制构件生产）
39		镇江	江苏镇江建筑科学研究院集团股份有限公司（预制构件生产、装配化施工、质量检测）
40		镇江	江苏科技大学、建华建材（中国）有限公司（预制构件生产、装配化施工、BIM应用）
41		泰州	泰州研砼建筑科技集团有限公司（预制构件生产、装配化施工）
42		泰州	江苏宇辉住宅工业有限公司（预制构件生产、装配化施工）
43		泰州	泰州职业技术学院（BIM应用）
2020年度			
1	钢结构类	徐州	江苏国成建设集团有限公司
2		泰州	江苏江海杭萧绿色建筑科技有限公司
3		泰州	江苏中江装配式建筑科技股份有限公司

示范工程项目

序号	所在地	项目名称	项目承担单位
	2015年度		
1	南京	南京万科九都荟花园 E-04# 楼、F-04# 楼、G-02# 楼	南京万融置业有限公司
2	南京	南京丁家庄二期 C 地块建筑产业现代化集成技术示范工程	南京安居保障房建设发展有限公司
3	南京	南京万科 G51 地块项目	南京凯瑞置业有限公司
4	南京	中瑞银丰 01~04# 厂房 05# 存储区 06# 配电房及地下室	南京中瑞银丰实业投资有限公司
5	徐州	万科城 B1 地块	徐州万汇置业有限公司
6	常州	新城帝景	常州万方新城房地产开发有限公司
7	常州	溧阳市夏林村安置小区（二期）	溧阳万达房地产开发有限公司
8	苏州	姑苏裕沁庭（东区）多层住宅项目	积水常承（苏州）房地产开发有限公司
9	苏州	太湖御玲珑生态住宅示范苑	苏州花万里房地产开发有限公司
10	苏州	太湖论坛城 7 号地块	苏州皇家整体住宅系统股份有限公司
11	苏州	花桥国际社区一期住宅楼	昆山万科房地产有限公司
12	南通	海门市龙馨家园老年公寓项目	江苏运杰置业有限公司
13	南通	海门市运杰龙馨家园三期项目	江苏运杰置业有限公司
14	南通	南京中南世纪雅苑 5#、9# 楼装配式住宅工程	江苏中南建筑产业集团有限责任公司
15	南通	中南总部基地二期 3# 楼（宿舍楼）装配式工程	江苏中南建筑产业集团有限责任公司
16	扬州	江苏华江科技研发中心	江苏华江科技有限公司
17	镇江	万科沁园（三期一标）	镇江新区保障住房建设发展有限公司
18	镇江	镇江新区港南路公租房	镇江润都置业有限公司
	2016年度		
1	南京	世纪雅苑 A-9 幢、A-10 幢装配式住宅工程	南京市中南新锦城房地产开发有限公司
2	南京	NO.2014G07 地块项目 21 号、22 号模块住宅	南京新城万隆房地产有限公司
3	苏州	苏州市广播电视总台现代传媒广场	苏州市广播电视总台、中衡设计集团股份有限公司
4	苏州	中南世纪城 21 号	江苏中南建筑产业集团有限责任公司
5	南通	南通政务中心北侧停车综合楼	龙信建设集团有限公司
6	南通	海门市龙信广场一期项目	江苏运杰置业有限公司
7	扬州	天山馨村安置区 1 号、2 号	扬州融通建设有限公司
8	宿迁	铂金美寓（宿城区耿车安置小区）二期	江苏金柏年房地产有限公司
	2017年度		
1	南京	丁家庄二期（含柳塘片区）保障性住房项目 A27 地块	南京安居保障房建设发展有限公司
2	南京	江宁西部美丽乡村文化展示中心	南京江宁美丽乡村建设开发有限公司

续表

序号	所在地	项目名称	项目承担单位
3	无锡	江苏沪宁装配式建筑工程有限公司研发大楼	江苏沪宁装配式建筑工程有限公司
4	常州	江苏省绿色建筑博览园	江苏武进绿锦建设有限公司
5		常州市武进区淹城初级中学体育馆	常州市武进区淹城初级中学
6		常州市工程职业技术学院地下工程技术中心	常州工程职业技术学院
7	苏州	现代木结构企业馆	苏州昆仑绿建木结构科技股份有限公司
8	南通	龙信广场（二期工程）7#、8#、9#楼	江苏运杰置业有限公司
9	盐城	德惠尚书府39#、40#楼	江苏德惠建设集团有限公司
10	扬州	仪征市滨江新城整体城镇化一期项目（中医院东区分院）	仪征市建设发展有限公司
11	镇江	镇江苏宁广场	镇江苏宁置业有限公司
12		镇江中南御锦城四期	镇江中南新锦城房地产发展有限公司
13		镇江中建·大观天下小区项目（二号地块二期）	镇江市中建地产有限公司
14	泰州	靖江龙馨园小区（一期）3#楼	龙信房地产（靖江）有限公司
2018年度			
1	南京	南京江北新区人才公寓（1号地块）项目（1-2、4-11号楼）	南京国际健康城开发建设有限公司
2		南京江北新区未来居住建筑钢-混凝土组合示范楼	南京国际健康城开发建设有限公司
3		桥林产业人才共有产权房项目	南京市浦口区保障房建设发展有限公司
4		南京一中江北校区（高中部）建设工程项目	南京国际健康城投资发展有限公司
5		河滨花园	南京佳运城房地产开发有限公司
6		禄口街道肖家山及省道340拆迁安置房（经济适用房）	南京市江宁区人民政府禄口街道办事处
7		南京江宁技术开发区综保创业孵化基地	南京江宁经济技术开发总公司
8	无锡	XDG-2016-33号二期房地产开发项目	中海地产（无锡）有限公司
9		新桥镇文化中心	江阴市新桥镇人民政府
10	徐州	发展全地面起重建设项目科技大楼工程	徐州重型机械有限公司
11	常州	美的国宾府	常州市翔辉房地产发展有限公司
12	苏州	苏州湾文化中心（苏州大剧院、吴江博览中心）	苏州市吴江城市投资发展有限公司/中衡设计集团股份有限公司
13		盛泽湖文化馆	苏州昆仑绿建木结构科技股份有限公司
14		如皋GXQ2014-34#地块	江苏中南建筑产业集团有限责任公司
15		R17028（北地块）	南通港新置业有限公司
16	南通	龙信玉园（一期工程1~3#楼，二期工程4#、5#楼）项目	江苏运杰置业有限公司
17		江苏省海安高新技术产业开发区科创中心工程	江苏华新高新技术创业有限公司
18		了凡木屋度假酒店	江苏了凡旅游投资开发有限公司

续表

序号	所在地	项目名称	项目承担单位
19	淮安	江苏天工建筑科技集团有限公司研发中心	江苏天工建筑科技集团有限公司
20		年产8万 m³ 建筑预制件项目	江苏国联龙信建设科技有限公司
21	盐城	盐城市建设开发有限公司公投商务楼	盐城市建设开发有限公司
22	扬州	扬州市广陵区体操馆	扬州广通置业有限公司
23		扬州东方国际大酒店主楼工程	扬州亚太置业有限公司
24		江都人民医院异地新建工程行政楼	扬州市龙川医疗投资管理有限公司
25	泰州	泰州市周山河初级中学建筑工程	锦宸集团有限公司
26		泰州第二人民医院门诊大楼及部分附属用房项目	泰州市第二人民医院
27	宿迁	泗阳县实验初级中学教学楼、科技馆及东校区二期宿舍楼	泗阳县住房和城乡建设局
28		泗阳双语实验学校校园提升改造项目一期	泗阳县住房和城乡建设局

序号	所在地	项目名称
		2019 年度
1	南京	江北图书馆
2		南京美术馆新馆
3	无锡	吴都雅园二区万科翡翠之光项目 1~14# 楼
4		XDG-2012-78 号地块 A 块 2~11# 楼
5		宜兴市文教创业中心（临溪点）1~4# 楼
6		XDG-2016-32 号地块无锡寰宇天下三期 15#、16#、17#、21#、22# 楼
7		凤翔路（规划北外环－广石路）快速化改造工程 FXB03 标
8	徐州	恒大御湖天下（2017-145、147 号地块）145 地块 2#、6#、7#、9#、14# 楼，147 地块 3#、4#、9#、10#、11#、12#、16#、21# 楼
9		徐州建筑总部经济园
10		徐州正升置业发展有限公司 2018-38 号项目 G1#、G3#、X1#、X3#、X5#、X6# 楼
11		徐州荣盛城四期听澜雅居 7#、9#、10#、12#、14#、15# 楼
12		江苏淮海科技城创智科技园 A 区一期 5#（创智办公楼 A 栋）、6#（创智办公楼 B 栋）、地下车库项目
13		徐州经济技术开发区 2018 年校舍建设一期工程——徐庄中学迁建工程学生宿舍
14		2016-5 号地块建设项目 22#、23#、25~32#
15		徐州市铜山区公安局建设铜山派出所铜山特警队综合营房项目
16	常州	溧阳鸣桐茶舍
17	苏州	苏地 2015-WG-30 地块——地上木结构工程 1~7# 楼
18		苏州市第二工人文化宫
19		苏州玩友时代科技股份有限公司园区新办公研发大楼
20	南通	海安市公安局城南派出所及公安执法办案基地技术业务用房工程

续表

序号	所在地	项目名称
21	淮安	江苏建源益成新材料科技有限公司办公楼
22	盐城	阜宁县观澜名邸住宅项目 41#、42#、43#、45#、58#、59# 楼
23	扬州	GZ107 地块（美澜家园）1~13# 楼
24		扬州翼立方教育发展中心
25	镇江	万科都萃雅苑 2#、3#、6# 楼
26	泰州	京泰路南延（海姜大道—凤凰路）管廊工程（桩号范围为 K0 + 12 — K2 + 640）
27		江苏泰兴农村商业银行股份有限公司营业办公综合大楼建设项目
		2020 年度
1	南京	南部新城南京外国语学校教学楼、行政楼工程
2		国际化名医中心（主楼、辅楼一、辅楼二）
3		南部新城南京外国语学校宿舍楼
4		扬子科创中心三期
5		南京新媒体大厦
6		扬子江国际会议中心
7		中国科学院大学南京学院（一期）
8		中华中学雨花校区
9		南京金象城王府井购物中心
10	无锡	XDG-2019-53 号地块 1~11#、13~17# 楼
11		XDG-2010-48 号地块 A1 楼（浪潮大数据产业园）
12		XDG-2018-17 号地块一期工程 6#、16#、19#、32#、35#、36# 楼
13	徐州	锦绣鹏程钢结构住宅 1~4# 楼
14		徐州高新区毕庄村地块（2019-29）1#、2#、6#、7#、8# 楼
15		徐州经济技术开发区大数据智慧谷 A2、A3、D2、D3 楼
16		徐州高新区毕庄村地块（2019-29）3#、5# 楼
17	苏州	G-11-010204（320518208605 号）地块 1~3#、5~11# 楼
18		张家港市城建档案馆
19		苏州科技馆、工业展览馆
20		劳动路小学
21		苏州市长三角国际研发社区启动区会议中心、人才公寓室内装饰工程
22		苏州市轨道交通 S1 线工程

续表

序号	所在地	项目名称
23	苏州	苏州新区污水处理厂迁建和综合改造
24		昆山东部医疗中心传染楼、病房楼、后勤楼、行政教学楼、科研楼、门诊医技楼地下室工程
25		昆山社克大学二期工程
26		苏州市轨道交通 5 号线工程车站机电安装及装修施工项目（第一批）(SRT5-12-4 标）长江路站
27		太湖新城吴中片区综合管廊（二期）龙翔路及友翔路西段管廊工程
28	南通	中共海安市委党校综合服务楼
29		映园小区二期 1~3#、13#、15~19#、25#、30#、38#、41#、42#、45~49# 楼
30		万达海之心公馆 1# 楼
31		R19012 地块 1~3#、5~6#、8#、10#、12#、16~17#、19~21#、25~27#、29~31# 楼
32	连云港	金海美城福邸 1~14# 楼
33	扬州	扬州 GZ100 地块 C 地块 2~20#、D 地块 D1~D12# 楼
34		广陵教育文化产业基地（初中部）
35		国强家园 17~20# 楼
36		高邮市人民医院东区医院（二期）综合病房楼
37		扬州 GZ159 地块 1~30# 楼
38	泰州	吾悦商业广场 16# 楼
39		海陵区中城建第十三工程局总部大楼
40		泰兴市曾涛路南侧地块商业综合体
41	宿迁	中心城区玉泉山路小学等 10 所中小学 EPC 总承包第一标段 （玉泉山路小学教学楼、豫新初中教学楼、项里学校综合楼）

省级建筑产业现代化人才实训项目

序号	所在地	承担单位
2015 年度		
1	常州	江苏城乡建设职业学院
2	徐州	江苏建筑职业技术学院
3	南京	南京高等职业技术学院
2016 年度		
1	常州	江苏城乡建设职业学院
2	徐州	江苏建筑职业技术学院
3	南通	江苏工程职业技术学院
4	南京	南京高等职业技术学校
5	扬州	扬州建设培训中心
2017 年度		
1	常州	江苏城乡建设职业学院
2	南京	江苏省住房和城乡建设厅科技发展中心

江苏省建筑产业现代化发展报告(2020)